市場《いちば》の逆襲

パーソナル・コミュニケーションの復権

日置弘一郎 著

大修館書店

はじめに

近代以前の流通を考えてみよう。市が立ち商品が並ぶ。その商品の善し悪しを見極めるのは買い手の側で、納得がいくまで商品の説明を受け、納得ずくで商品を購入する。もし、それが不良品であっても、買い手はその結果を引き受けねばならない。市の商人は同じ場所に店を開くとは限らないから、買い手は誰にも文句をつけられない。この状態が買い手責任である。

市が固定化して常見世になり、売り手が明確になると、売り手責任になってくる。売り手が商品を評価し、価格をつける。手作りであれば、一品ずつ出来が違う。良品かどうかを確かめながら価格をつけ、買い手に品質を説明しつつ、価格交渉が行われる。買い手が納得して買っても、不具合があれば売り手に説明責任がある。

さらに、現在では製造者責任が普通となる。大量生産された商品は品質が一定であり、流通が一品ずつ検品する必要はなくなる。流通に求められるのは、効率的に生産者から消費者に商品を届けることになり大量流通の中で自らの品質評価の機能を失っていく。

われわれは、量販店で膨大な商品の中から自分のほしい商品を選択することができる。これは大変な量の商品知識によって裏付けられている。けれども、その多くは知らず知らずの間にマスコミの宣伝によって与えられた知識で、本当に商品について知識を持っているのかはあやしい状態になっている。そのために、消費者が簡便に見分けるための情報、例えば、ＪＩＳなどにはじまり、エコマークや有機野菜表示、賞味期限などが提供されている。しかし、それでも現在の複雑な商品群については十分な情報とはいえず、消費者がそのすべてを得るためには膨大な学習が必要となる。それを避けるために簡便な指標がつけられ、さらにそれについて、「買ってよい」とか「危険だ」といったガイドブックが売り出される。

この状態はかなり不健全である。自分の消費する商品についての情報を他に依存しているばかりではなく、「縮約され単純化された」情報に依存している。情報のちょっとした改変で非常に大きな影響が表れる。現在の消費者が「裸の王様」であるのは、このような状態に陥っているからである。近代の大量生産を真似た大量流通が、この状態をもたらした。効率を上げるために単純化した商品選択の様式を追求したためだ。現在、生産については大量生産から少量生産へ、また、アウトソーシングを行って自分で作らない小規模な企業が成功している。流通だけが近代の大量生産原理を維持することが必要であるはずはない。前近代から近代への変化を再検討し、現在以降の流通がどのようにあるべきかを考えていこう。

市場《いちば》の逆襲■目　次

●はじめに……iii

I 交換を考える

1・結婚は女性の交換？……5
2・人間は等価交換だけをしていない……11
3・人間系と自然系の交換……20
4・プラクシスとしての交換、プラティークとしての交換……26

II 流通の中の情報

5・商品情報の流れ……45
6・大量生産が商品を変えた……57
7・市場《いちば》と市場《しじょう》……69

8・パノプティコン——一望展望の情報処理装置……82
9・パノプティコンの現場——大規模小売店……94
10・ブランドという情報……109
11・農水産物のブランド化の意味……127
12・農水産物ブランドを作る……140

III 流れの再設計

13・商品の廃棄と市場《いちば》内加工……163
14・商店街の復活は可能か……187
15・循環の知とは……209
16・市場《いちば》の逆襲——ネット社会の可能性……219

17・小規模流通の設計——情報の流れを作りなおす……239
●あとがき……246

市場の逆襲——パーソナル・コミュニケーションの復権

I

交換を考える

交換にはさまざまなものがある。経済学でいう交換、つまり通常考えられている「市場交換」は、互いに利益をもたらす「互酬的等価交換」を市場経由で行うものである。しかし、現実の生活では、市場を経由しない交換があり、等価ではない交換があり、さらには互酬的ですらない交換がある。

市場交換が交換の主流になったのは、近代以降の市場経済を前提としているが、それ以前の交換を考え、その中での人間のふるまいを見るならば、様々な社会にアルカイックな交換の様式がみられる。それは、人間の生活に深く根ざしたものであり、現在も意識されずに行われている。流通の再設計を考えるために、まずそれらをみていこう。

1・結婚は女性の交換？

「でも私は、女性としてレヴィ＝ストロースは許せないと思います。」韓国からの留学生、秋香美さんが鋭くいった。大学院のセミナーで、構造主義についての議論をしていたときのことである。

レヴィ＝ストロースは、「婚姻とは、女性の交換である」と表現している。これが、秋さんにはとんでもない男性優位思想とうつったらしい。レヴィ＝ストロースが、結婚を女性の交換と表現したことで、女性団体から反発を受けたことは、彼がこの理論を発表した当時にもあった。人間を交換用の資源と考えること自体、大問題であるのに、その上女性のみを交換資源として考え、交換の対象とするのでは女性蔑視も極まることになる。

しかし、レヴィ＝ストロースが指摘しているのは、個人が自分の自由意志で結婚相手を決定できない状況が存在していること、それが、交換の概念で説明できることである。自由に物を交換するように、男性が女性を交換していると考えているわけではない。

彼が理論化した「交叉いとこ婚」を考えてみよう。

交叉いとことは、両親の異性の兄弟姉妹の子どもである。父親の姉妹の子どもと、母親の兄弟の子どもが交叉いとこになる。逆に、両親と同性の兄弟姉妹、つまり、父親の兄弟と母親の姉妹の子どもは平行いとこと呼ばれる。この区分は日本ではあまりなされないが、多くの社会では、交叉いとことの結婚（もちろん、異性のいとこである）を義務づけ、あるいは推奨している。つまり、自由恋愛を前提とせず、特定の人間との結婚が自分の意志と関係なく方向付けられている。これが交叉いとこ婚である。この婚姻形態の場合には、男性も女性と同様に自由に結婚相手を選べない。

どうして交叉いとこ婚であるのかについて、レヴィ＝ストロースは次のように説明する。離島や山間部などで、家族の系統が地理的に限定されていると、遺伝的な系統が非常に少なくなることがある。例えば、家の系統が十いくつしかないような地域では、結婚相手は限定され、その中から結婚相手を調達しなければならない。このような条件のところで、自由に恋愛し、結婚相手を自由に選択したのでは、三代ぐらいでまわりはいとこだらけになる。この状況では、近親婚の弊害がただちにあらわれる。

これを防ぐためには、自由に相手を選択するのではなく、できるだけその影響を削減できる選択ルールを設定することが望ましい。驚いたことに、交叉いとこ婚は、近親婚の影響をもっとも少なくする制度であることが、数学的に証明できる。

交叉いとこ婚とは、いわば、子どものときの、クリスマス・プレゼント交換会のようなものである。この会ではそれぞれが五百円以内のプレゼントを買ってきて、それを交換する。皆が輪を作って、「一・二・三」と声をかけ、右隣の人に渡していく。ストップがかかったときに手の中にあるものが自分のものとなる。この交換のシステムが結婚で行われていると考えればよい。交叉いとこ婚は、次々と遺伝子を右隣の（父方あるいは母方の）家系に渡していき、それが順番にそれぞれの家系を回っていく。右隣へ渡された遺伝子は、次々と隣に移されて、それが元に戻ってくるまでには十世代以上、二百年以上の時間が経っている。もっとも、遺伝子の交換は右隣だけではなく、左隣にも流れていく。父系と母系のそれぞれの系統があるために、遺伝子の流れは左右の流れとなり、計算はかなり複雑になる。

レヴィ＝ストロースは、数学者のアンドレ・ヴェーユ（シモーヌ・ヴェーユの兄で、現代数学を革新した数学者集団ブルバキの中核メンバーの一人）の助けを借りて、群論を用いてこのような流れが、もっとも近親婚の影響が少なくなることを証明した。

つまり、交叉いとこ婚は、限られた遺伝子プールをできるだけ有効に使うことのできる交換のシステムであって、経験的に見つけられたものらしい。それを結婚のルールとして、可能な限り交叉いとこと結婚することにすれば、近親婚の影響は最少となる。
ということは、女性を交換すると表現をしていても、交叉いとこ婚で男性に選択権があるわけではない。男性も女性もともに結婚相手を指定され、自分の意志とは関係なく、交叉いとことの結婚を要請されている。

通常考えられている交換は、経済学でいう市場交換を想定している。この交換では、自分が所有権を持つ財を、自分の自由意志で他者が所有する財と交換する。さらに、経済学の交換では、特定の主体間の交換が、交換の時点で相互に互酬的であると前提している。つまり、双方にとって利益があるので交換が行われ、逆に利益にならなければ交換は起こらないと考える。

さらに、経済学の交換は基本的に等価交換を前提とする。等しい値打ちのものを交換することが市場交換の概念で、少なくとも主観的には等価でなければならないと考える。

このような前提を持つ経済学は、等価を手がかりに、富の総量を推計し、分析できるようになった。そして「社会科学の女王」としてもてはやされたために、経済学的説明が野放図に拡張されてきた。このため、すべての交換があたかも市場交換であるかのように考えられるようになった。経済学を学ぶ秋さんが、交換概念を市場交換として考えるのも無理はない。経済学に即して交換をとらえると、女性の交換が意味するのは、所有物としての女性であり、それと見返りになんらかの財が贈られることになる。人間を交換することは、その人間の自由意志を剝奪することであり、行動の自由が束縛されるばかりではなく、人格的自由にかかわるために、近代社会ではあってはならないこととされている。

レヴィ=ストロースの交叉いとこ婚における「結婚は女性の交換である」とする議論は、男性が女性を交換するといったものではなく、いわば、遺伝的家系といった抽象的な存在が遺伝子の交換を行い、その担い手として女性があるわけである。交換の見返りは互いの遺伝子の健全さであり、容易に目に見えるものではない。交換の当事者たちが、意識的に交換の互酬性、さらには交換の等価性を確認して交換がなされてはいない。

また、交換による利益が発生するのは数世代後であり、交換の当事者たちはその交換によって利益を受け取るわけではない。逆に、選択の自由がないという不利益をこうむるのであり、そのことで、子孫たちが利益を受ける。しかも、等価の報酬を前提として意図された交換ではなく、交換時点では互酬性は確保されない。交換の当事者が意識的に交換の互酬性、さらに交換の等価性を確認しなければ交換は成立しないとなると、交叉いとこ婚は成立しない。

経済学では、等価交換を前提として分析が可能となる。さらに、交換が交換の当事者たちの間で、それぞれに経済合理的であり、一回の交換がそれぞれ自分にとって有益であるために行われると考えている。経済学が交換を合理的であると考えるのは、経済合理的な交換こそが経済学に強力な分析手段を提供するからである。経済学的な交換は価値の実在を認め、価値が等価に交換されると考える。それは、ニュートン力学でのエネルギーの保存則の応用であるといってよい。つまり、価値は、物理学での質量のように形を変えてさまざまに運動するが、価値の量そのものは変化しないと考える。このために、計測が可能であり、自然法則と同様に、人間の介在を考えずに価値が運動するとされている。経済学の数理モデルで、等号（＝）が成立するためには等価交換でなければならないし、逆に等号が成立するという仮定が経済学に強力な分析手段を提供する。

ここで問題にしたいのは、このような経済学の仮定が近代社会において制度化され、市場経済が浸透したために、すべての交換が経済学の市場交換であるかのように考える傾向が生まれたことである。レヴィ＝ストロースの交換概念が誤解され、批判されるのは、それが経済学の交換概念よりも広いためである。人類がこれまで行ってきた交換の様式を一般化して経済的交換にすべて取り込もうとするためである。しかし、これらが近代社会の制度的要請であっても、すべての交換がこの様式に従うことはない。

2・人間は等価交換だけをしていない

社会的儀礼としての不等価交換

近代以前の交換の例として、もう一つB・マリノフスキーの『西太平洋の遠洋航海者』で紹介された「クラ交換」を考えてみよう。クラ交換の場合、点在する島々の間で二つの特殊な品物「赤い貝の首飾と白い貝の腕輪」が、互いに逆方向に次々と環状の島々を交換を通して回されていく。宝物とさまざまな品物が交換されるが、それを自分で占有することは許されず、次の島に交換のために持っていかなければならない。この儀礼的な交換に合わせ、各島の住民が必要とする日用品をはじめとする交易活動が規則的に行われる。経済的な市場交換は、クラ交換の一環として、象徴的な交換に付随してなされる。

さらに、ポトラッチもある種の交換である。これは北アメリカに住むアメリカ・インディアンのトリンギット族などの間で行われた習慣で、誕生、婚姻、葬礼、成年式、家屋やトーテム・ポールの新築など、さまざまな儀礼の機会に開かれた、大規模な宴での贈答儀礼である。首長や社会的地位の高い者などが主催者となり、多数の客をかなり遠方からも招待した。主催者側は気まえのよさを示すために来客を大量の食物でもてなし、来客の地位に応じて、貴重な財物である毛皮や毛布、銅のプレートなどを贈った。

これに対して、招待された来客も返礼の宴を開き、受けた贈物以上のものを返礼しなければならない。この返礼ができない場合には、社会的地位や威信を失ってしまう。こうしてポトラッチは、個人や氏族、部族間での気まえのよさの示し合い、面子《めんつ》や名誉をかけた競争になる。大規模なポトラッチで莫大な量の食物や財物を消費してみせることで、招待客を圧倒し、それ以上の返礼ができないところまで追いつめることで、相手を打ち負かすことがポトラッチの目的となる。このため全財産をかけてポトラッチを行うこともあり、さらに、単に贈与するばかりではなく、相手の目の前で毛皮や毛布、家屋などを焼いてしまったり、貴重品の銅板をたたきこわしたり、自分の奴隷を殺したりすることで、気まえのよさが示される。過剰な消費によって自分の力を見せつけることが、相手に対する威圧になるとされたのである。主催者は多大な出費を負うことで、威信を得、社会的地位はポトラッチを行った回数やその規模によって決まるとされる。

交換の理論では、これまであげた交叉いとこ婚・クラ交換・ポトラッチは近代的交換（市場交換）の例外としてしばしば取り上げられる。ここでの議論は、いわば、例外ばかりを集めているといわれるかもしれない。しかし、このような交換のあり方は、現在でも決して少なくはない。一回ごとの交換の中では等価性が確保されていないような交換は、案外、日常的に行われている。例えば、葬儀の際の香典は、香典返しという反対給付を伴うが、これは、等価ではない。香典として受け取った金額のほぼ半分くらいの品物を返す不等価交換が行われることが普通であり、逆に、等価の返礼は失礼とされる。

世間との交換

さらに、不等価交換ばかりではなく、交換する場合に、交叉いとこ婚のように、利益を与える主体と、利益を受け取る主体が異なる交換も日常的に起きている。このような交換は、財やサービスが提供されるときには一方的な贈与に見えるが、長期にわたっては交換として機能する。

例えば、卑近な例だが、筆者自身は経営学という領域であるために、企業の人との付き合いが相当にある。その付き合いの中で、ひとしきり話が終わると、「ちょっと一杯」といった接待を受けることがある。特にバブルの頃にはそのようなお付き合いがしばしばあった。

このような誘いをいやがる人も少なくないが、筆者はさほど気にせずに接待を受けていた。もちろん、酒をいやがらないこともあるのだが、接待を受けることが、相手に対して「借り」を作るという思い入れがないためである。それは、筆者が接待を受けた分だけ、大学院や学部の学生に対しておごり返しているという意識を持っているからである。学生に対しておごることで、企業からの接待がキャンセルになると意識することは、交叉いとこ婚と同様に、受益と給付の相手が異なった交換と考えることができる。

この場合、将来なんらかのお返しを期待して学生におごるわけではなく、受け取りと支払いがトータルで見合うものであればそれでよいと考える。このような「交換」がなされているという意識であれば、どれほど接待を受けても、それを負担に思う必要はない。

いわば、世間との交換であり、長期にわたって帳尻を合わせればそれでよい。このような感覚は、筆者だけではなく、現在でもそれほど珍しくないだろう。

しかし、こういったことを話していると、友人の一人が、「それは危ないよ」といい出した。接待を気楽に受けていると、それが過剰な接待であると認定され、収賄になる可能性があるというのだ。実際、企業がそれほど期待はしていなくても、学生の就職時に「先生からうちの会社へ就職するようにと学生に声をかけてほしい」といわれることがある。そのときは気にしていないし、現在の学生は、教師が「あの会社に就職してみないか」といったところでほとんどそれに反応はしない。

けれども形式的には会社から請託を受けて、それに反応したとなると、なるほど収賄になるのかもしれない。学生に対しておごり返しているから、収賄ではないという言い訳は通用しない。これは、法律は近代の交換様式に即した解釈をしているためで、なんらかの利益があるからこそ接待を行うのだと考える。刑法もその判断で運用されるためである。

法体系は、互酬的交換を前提とするため、なんらかの反対給付を想定して、接待が行われると考える。社会的儀礼の範囲内ならば、お付き合いの会食はあり得ても、社会常識の範囲を超えると反対給付を期待した供応であるということになる。個人の行為はあくまで自己の利益を拡大する動機に裏付けられた合理的行動であると考えられており、近代の行為の枠組み自体が、それを前提とするために、交叉いとこ婚のような交換は想定していない。

世間との交換のつもりで、会社から接待を「受け取り」、学生へおごることが「支払い」と考えることは、それほど不自然だとは思わない。しかし、このような交換が、それぞれ断絶されて、無償の受け取りと無償の贈与として考えられると、それを交換であると説明しても強弁のようにとられる。会社が無償で接待するわけはないとされ、そこになんらかの意図を読み取り、金額が社会的儀礼の範囲を超えていれば収賄が疑われる。

他方で、学生に対しておごることは近代社会ではどのように評価するのだろうか。学生が教師におごってもらうことは戦前ではなかったと聞く。むしろ、学生が金を出し合って教師を接待することが普通であったようだ。中国や韓国では、現在でも教師が学生とのコンパで金を出すことはない。学生が教師を招待するのである。

教師が学生におごるのは日本の戦後になってからの現象だろう。どうしてそうなったのか。おそらくは、戦後民主主義の中で、学生が金を持っていないならば、金を持っている教師がそれを補塡するようになっていったのだろう。富裕なものが貧しいものを援助することが一般的に行われる制度は、イスラム教やテラワーダ仏教（小乗仏教）の喜捨として成立している。喜捨は所得の再分配であり、福祉を代替する。戦後間もない頃は、まだ大学生はエリートであり、アカデミー共同体が持続している一方で、全体に貧しい状態であったために、教師が学生におごることがあったのだろう。

その意味では、最初から学生に対しておごることは交換ではなく、喜捨に類する行為であった。しかし、それが当然とされるようになると、教師からおごられた世代が、今度は自分が教師になると学生におごることで、「交換」を成立させる。われわれが学生の頃には、教師が多く出すことが当然とされるようになり、その意味をよく考えることなく自明のこととして受け取っていた。

世代を越えた交換

明治時代に学校制度が開始された当初は、学生が教師から受ける知的サービスに対する交換儀礼として、宴会では教師の経費まで支払っていた。それが、貧しい学生ばかりになる状況が戦後の大学で生まれたために、教師が学生に援助する「喜捨」の形が成立する。それがさらに、恩義を受けた学生が自分が教師になったときに、学生にそれを返すようになると、世代を越えた「交換」と意識される。さらにその下の世代では、もはや交換の意識はなくなり、再配分として受け取る。

この状態になったときに、それでもなんらかの交換の意識は残る。目上が目下におごるという形式が持続するのは慣習の問題であるばかりではなく、なにがしか世代を越えた交換の意識が残っている。筆者がその交換に、会社からの接待まで含めて考えるのは、このような会食の儀礼をすべて均等化し、意味付けることによって、一つの大きな交換の体系として考えようとするからである。

一回限りの交換として考えるならば、共食儀礼は意味を失い、一回の食事に過ぎなくなる。たかだか所得の再分配の意味しかない。学生の受け取りは自明とされているが、それがあまりに当然とされると鼻白むことがある。企業で新入社員が、職場の忘年会への補助金を、忘年会には出席しないから、その金額を自分の分だけ欲しいと言ってくるのも同じような現象である。共食儀礼への参加が、儀礼的行為ではなく、交換としてとらえられ、その交換への参加の利得が計算される。交換を人の行為としてとらえずに市場交換としてとらえると、行為の意味は大きく変わる。

現在の大学では学生に対して、知的サービスを提供しているとする意識が薄れているといってよいかもしれない。かつては、大学が学問を独占し、その中での教育が知的サービスの提供であった。このために学生は、受益の意識を持っていた。現在の状況では、講義を受けることが受益であるとは思っていない。むしろ、退屈な講義に参加して、大学の制度を成立させてやっているという意識があるのかもしれない。日常的な教育は、教官の仕事であり、教官の義務であるとする意識が高まる。

教師からの受益は、教育サービス以外のところにあるべきだとする学生にとっては、コンパでの教師からの出資こそが受益であり、それは当然に要求すべきであるということになりかねない。現在の学生は、仕送りに加えてアルバイトで相当に裕福である。教師よりもはるかに可処分所得は大きいことは珍しくない。それから見ると、実際に行われている行為である学生への支出は、すでにその意味が大きく変質している。それに対する有効な説明を付さなければ、自分の行為が自覚的なものにはならない。多くの大学教師がなんの疑いもなく学生のコンパに金を出しているのは、それがすでに自明になっているためであり、そのことは交換として考えるならば、非常に不思議な現象ということになるだろう。

世代を越えた交換が存在することを次世代に伝えなければならないことは実はかなり急務であるといえる。交換がその場限りの合理性で処理できる体系ばかりではなく、いずれ自分にふりかかってくることがあり得ることはいくつかの社会的領域で起きている。もっとも緊急で、深刻なのは環境問題だろう。

自分が汚染した環境は自分には返ってこない。自分の子供やさらにその後の世代に問題とされる。自分と数世代後の交換が存在することは、近代の交換理論では考えられていなかったが、実はそのような交換は明確に存在し、その交換が近代社会の理論で処理できないために、われわれの世代が苦慮していることを考えなければならない。

交換概念の拡大、少なくとも、単独主体同士が、一回の交換ごとに互酬的等価交換を行っているとする交換から、時間と相手が異なった交換にまで概念を拡張することが求められている。交叉いとこ婚の場合にみられるように、交換の主体は社会システムの全体であり、交換する主体や客体の利害がその場で調整されるわけではない。時間を経て、交換の主体が異なって、はじめてその交換の意味が実現する場合があるのである。

3・人間系と自然系の交換

人間と環境との交換

近代の社会は、個別の交換が互酬的等価交換であれば、最終的に社会システムが効率を発揮できるようにシステム設計されている。しかし、ここにきてそれが行き詰まっていることは明らかだろう。そのもっとも代表的な領域が人間のシステムと環境のシステム間の交換である。

人間のシステムは、環境を改変できる技術を持たない状態では、環境との共生を余儀なくされていた。人間は環境の中で生活をし、環境から食物を受け取り、環境に廃棄の形で物資を提供する。生物としての人間が出す排泄物や遺体を環境は受け取り、それらを食物として小動物や微生物が繁殖する。

ところが、人間が生活の中でさまざまな物質を化学的・物理的に変化させ始め、さらに環境から多くの資源やエネルギーを調達し始めると、環境系の内部が変化する。農業が始まり、田畑ができると環境はそれに対して反応する。さらに、化石エネルギーを求めて石炭や石油を掘り出すと、環境は大きく変化させられる。環境の改変は環境内部の諸要素間の相互作用を経て、人間の系にさまざまな影響を与え始める。化石燃料の消費量の増大は、エントロピーの増大による温暖化などの気象変化を引き起こす。人間の系と環境系との相互作用が、結果としては人間の思いもよらない結果を引き起こしている。

人間は環境を支配しているのではなく環境系との交換を行っている。それを意識して、人間の行為選択を操作しなければ、環境との相互作用（交換）がうまくいかなくなってくる。一回の行為における人間と環境システムの相互作用で等価性や互酬性が確保されていると考えることは大きな間違いであることは明らかである。環境とどのような交換を行うか、人間が環境から資源とエネルギーを受け取り、環境に対して廃棄の形で不要物を提供するという交換の形の大枠はこれからも変化しないだろう。しかし、交換がどのような結果を引き起こすかについて人間は、いま予想もつかないものまで含め、それを受け止めなければならない。

人間の系が環境に対して、どのような交換を行うべきかについては、前近代の交換では相当に意識されていた。それは、狩猟や農業の豊穣を祈る儀礼の中で、交換のルールが定められているとにも示される。例えば、北海道のアイヌの人々は、鮭を環境から受け取るが、その場合に、産卵を済ませた鮭をとることがルール化されていた。鮭は、生まれた川にはいってくるとほとんど食物をとらず、ひたすら上流を目指すために産卵後はやせ衰える。沖どりの鮭は十分な栄養分を残していており、おいしい。ところが、産卵以前にとってしまったのでは資源の枯渇につながる。採卵して人工授精をさせるという技術がなければ沖どりは許されない。

環境との交換からは、産卵を済ませた鮭を利用することがもっとも望ましいとしても、それが人間にとっての最適ではないために沖どりが行われる。人間のシステムの中では産卵後の鮭は価格が付かないほど安く、経済計算には引き合わない。熊祭りにしても、自然＝環境系からの受益を人間の系で最大限に利用するための儀礼として考えることができる。あるいは、東北の狩猟を生業とするマタギでも、狩猟獣を得ることは山との交換であることが意識されており、その儀礼を済ませるまで獲物を食べることは許されない。近代社会の中で交換が主体間で完結することが自明とされたことで、このような環境との交換も見えにくくなってしまった。

ゴミ処理を考えても、自分が処理しなければならない状態では、燃やすか埋めるなどの方法で処理し、環境との交換が実感できる。しかし、ゴミ処理が大量に行われると、それが環境との交換ではなく、人間社会の中で処理が行われるかのような錯覚を持つようになる。この状態では、ゴミ処理のために費用を負担するという市場交換に置き換えて制度が形成される。問題は、ゴミ処理量を減らして、資源利用の効率を上げることであり、ゴミ処理を産業として成立させることではないのだが、交換概念が硬直化すると、市場交換による制度でしか解決を考えなくなる。

循環を作る交換を

時間を超えた交換を想定しなければ、環境との交換は理解できない。交換は流れを作り出すポンプの役割を持っている。システム全体の流れを作り出していくときは、交換は市場交換だけではなく、より広い概念でとらえなければならない。このような交換は循環を想定する。循環を作り出すために、意識して不等価の交換を作っていくことは、今後さらに必要となっていくだろう。自分が環境に対して送り出すものが、次の世代に環境から戻ってくることや、交叉いとこ婚で遺伝子を送り出すと十数世代を経て自分の子孫に戻ってくることなど、等価にならない交換の様式がこれまで作り出されてきたことは、決して偶然ではない。

経済学で考える循環は、個別の交換主体がそれぞれ意識しなくても、結果として循環を作っていることを想定している。交換の当事者たちが、自分の利害を最大化しようとして交換を繰り返していくうちに、次第に循環が形成され、その循環を制御することは可能であると考えられている。例えば、貨幣は循環する。自分が送り出した貨幣は巡り巡って自分の手元に帰ってくる。この循環を大きくしていくことで、国民経済は大きくなり、自分の関与する経済規模も増大してゆく。これが経済成長であると考えられている。

このような循環は、循環を設計する人間がいるわけではなく、結果として生み出されたものである。個別の交換の当事者たちは、その循環に意図してかかわるわけでなく、自分の利害を最大化することで、結果として循環にかかわることになる。ところが、このような循環は、人間世界については明確な循環であっても、自然環境や人間世界を超える世界との関係においては、循環になっていない可能性がある。

例えば、金属資源については、人間が地中から鉱石の形で掘り出し、精錬して人間世界で利用する。それが廃棄される。鉄を例にすると、放置された鉄は次第に赤錆となる。この状態になると水に溶け、鉄イオンとして海に流れ出す。人間が行っているのは、地中の鉱石の形で存在する鉄を、海の中のイオンに変換する過程である。海中に溶け出した鉄イオンは、もはや拡散して、鉄としての利用は不可能になる。これは不可逆な過程であり、循環はなされていない。

人間にとってはあたかも循環しているように見えるプロセスでも、自然環境にしわ寄せをすることによって循環を維持している場合が少なくない。この点では、循環を意識した交換の様式を作り出すことが必要になってきている。つまり、循環を設計すること、あるいは循環を目指した交換を行うことがそのシステムの個々の当事者に求められているといってよいだろう。

交換の概念を、このように循環を想定した等価互酬ではない交換にまで拡張するのは、意識的に循環を作り出してゆくことが必要と考えるためである。人間の世界だけについて循環がなされ、それが機能しているというだけでは十分ではない。自然との共生を考えた人間の知恵を含んだ交換のあり方、北海道アイヌの鮭漁の様式や、マタギの生業様式は、それぞれの社会において循環を意識した交換様式である。

現代のわれわれの社会において、このような交換を再認識し、循環を生み出すものの流れを作り込むことが必要である。そのために交換概念を拡張しなければならない。自分と他主体の間の交換が等価互酬的ではないとしても、それを交換であると意識することが循環の流れを生み出すことにつながる。また、人間の社会の中だけで交換が行われるのではなく、人間の行為を包み込む環境との間の交換がなされていると意識することが要請される。現在の流通における現象を説明するために、このような概念拡張が行われることが必要である。

交換は現代社会における流れを作り出すポンプである。しかし、それが大きな流れの循環を生み出すためには、一見、逆方向の流れを作り出したり、あるいは、流れにそぐわないように見える動きをすることもある。そのような流れの全体を見通して、設計することが必要になってきている。

4・プラクシスとしての交換、プラティークとしての交換

近代社会は前近代の身分社会から人類を解放し、すべての人の平等をもたらした。他方、そのことは、その社会の中で個人は自由意思を持ち、自由な判断の結果として行為しているという前提を持つことになった。慣習や伝統による行為選択は、近代の自由な行為選択によって置き換えられた。

「食人」の例から

ここで食人という行為を考えてみよう。ずいぶん極端な例だが、それだけに近代社会と前近代社会の違いがよくあらわれる。近代社会では人間を食品とは考えないが、それがなされた場合はどのように処理されるだろうか。食人は、食糧として空腹を満たすために食べられるケースだけではなく、葬送儀礼として行われることもある。死者の霊力を自分の中に取り込むため

に死体を食べるという葬送儀礼である。ニューギニアなどではかなり広く見られる現象で、特に戦争での死者は食人の対象になる。敵であれ、味方であれ、勇者の霊力（マナ）を取り込むことによって、死者を弔う葬送とともに霊力の継承がなされる。

このような死者の霊力の取り込みという現象は、未開と呼ばれている社会に固有ではない。近代化の進行しつつあったイギリスでも、一つの例がある（石毛直道『食生活を探検する』一九七八）。トラファルガーの海戦で戦死したネルソン提督の遺体をイギリスまで運ぶために、遺体を保存のためにラム酒の樽につけ込んだとき、イギリスに着いてみると、樽のラム酒はすっかりなくなっていたという。水夫たちがネルソンのパワーを取り込もうと、樽に小さな穴を開け、少しずつラム酒を飲んだためである。トラファルガーの海戦は一八〇五年、一九世紀の初頭のヨーロッパでも、死者の霊力を自分の中に取り込むための食人は行われていた。

日本でもこのような事例は確認できる。一九七八年に、山口組と反山口組の抗争があった。山口組の田岡組長をキャバレーで狙撃した鳴海清という男がいた。彼は、山口組の襲撃により殺害された自分の親分の遺灰を酒に溶かし込んで呑み、復讐を誓ったと伝えられている。死者のマナを取り込むための象徴的食人はかなり普遍的であるといってよい。

葬送儀礼ではなく、人間を食品として扱うケースについて考えよう。人類学者のマーヴィン・ハリスは食物タブーの中で人間を食べないのは、人間を食べてしまって労働力をなくすよりも、生かして労働させた方がより効率がよいためであると指摘している。その当否はともかく、タンパク源が少なくなれば、もっとも効率よくタンパク質を補充できる同じ種の動物の肉は食物としては効率がよい。人間が人間を食べれば、人間の体を構成する化学物質ばかりであり、人間に必要な物質を多く含んでいるために、人間と生物としての種が大きくかけ離れたものよりはるかに効率よく栄養を摂取できる。

生物としての種が近ければ、DNAに由来するタンパク質は類似しており、必要とする栄養素も共通する。雑食性の人間の場合であれば、植物からタンパク質を得るよりも、動物からタンパク質を得た方が効率がよい。それを極限まで進めれば、同じ種を食べることは合理的である。

事実、ハリスの指摘では、マヤ文明が栄えたユカタン半島には大型獣が少なく、狩猟獣を狩り尽くしてしまったマヤ人は動物性タンパクに飢え、戦争捕虜を食べることでタンパク不足を解消したという。さらに、戦争がなく捕虜がいない場合にも、宗教儀礼として生け贄を確保し、その肉を食べる習慣を発達させていったとする。戦争捕虜ではない生け贄があったことがマヤ帝国に布教のために入った宣教師によって記録されており、その生け贄の肉を庶民が食べていたと記録されている。そのため、マヤは野蛮であり、キリスト教に改宗させるためにあらゆる手段を尽くすべきであるという信念を生み出した。けれども、食人習慣については、改宗を強要するよりも、適当な家畜を移入することで問題は解決したかもしれない。

動物性タンパクが食べられない環境では、なんらかのタンパク源を確保しなければならない。日本の場合には、豊富な魚類がタンパク源であったが、それも得られなければ人間を食べることになっていた可能性はあり得る。近代以降の社会においても、食物がなければ人肉を食べることはしばしば許容されている。例えば、遭難した飛行機に乗り合わせ、生き残った乗員たちが事故で死亡した人間の肉で命をつないだことが「アンデスの聖餐」として知られている。この場合にはさほどの非難はなかったことにも留意すべきだろう。

食材の選択はプラクティスか

食材が限定されている場合には、他の地域では食べないものにも注目する。昆虫食も同様であり、げてものとされているものを食べるのはそれなりに理由があることが多い。

他方で、ほかに食べるものがいくらでもあるのに、あえてそれを食べるのは美食を追求してのことである可能性もある。例えば、中国や韓国での犬は、嗜好食品として扱われている。あるいは、フランスのカタツムリや蛙、日本での海鼠（なまこ）やホヤなどは他の国からすると理解不能な悪食であるとされるだろう。ベトナムの鼠には、メコンの穀倉地帯で米しか食べない種類がいて、それが子犬ほどにも大きくなる。それをを食べるという。この場合は美食の追求か、あるいは、米を食べる害獣駆除を促進するために食べるようになったのか、かなり微妙な問題であるが、おそらくは両方の要因が重なり合っているのだろう。食材の入手が可能であり、食品バランスから必要とされているようなものは、調理法が発達し、嗜好が強化される。

しかし、行為としてみると自覚的行為と非自覚的行為の区分は必要である。フランスの構造主義者が用いるプラクティスとプラティークという概念がある。論者によって多少の違いがあるが、ここでは北澤方邦に依拠しながらこの概念を考える。プラティークは非自覚的連続的行為を指している。他方で、プラクティスは自覚的非連続的行為である。無意識のうちに慣習として行っている行為はプラティークであり、社会生活の中に埋め込まれ、連続している。他方で、プラクティスは自覚的に考慮された選択を経ており、個別の行為がそれぞれに独立になされる。

食人の場合も、それが文化伝統に根ざしたものであれば、その行為を行うことは当然とされ、「意識的な」選択の結果として食人がなされてはいない。この場合の食人はプラティークとして理解される。死者の葬送の一環として、あるいは死者の尊厳を保つための行為として行われ、自分が他の選択肢を検討した結果として選択される行為ではない。

他方で、「アンデスの聖餐」はプラクティスである。極限まで食料が尽きたときに、他の選択肢を考慮し尽くして、最終的に選択された行為である。このようなプラクティスは明確な目的＝手段関係を構成する。目的に向けた行為であり、合目的的に選択される。

もちろん、プラクティスとしての食人がこのように意図された行為である場合には、その目的が受容可能なものばかりではないことも考える必要がある。嗜好としての人肉啖食が行われる場合である。性的偏向の一つの形態として、サディズムがしばしば食人につながることもある。この場合には、プラクティスとして行われていても、健全な市民としては扱われない。

近代社会においては、すべての行為はプラクティスであるとされ、プラティークとしての行為はプラクティスに置き換えられて判断される。食人が罪であるのは、それがプラクティスとして意識的になされた行為であり、他の選択肢を考慮した上で、あえて人肉を食べるという行為選択がなされていると見なされるからだ。自由な判断を行った上で行為選択がなされたと考えなければ、それを罪に問うことはできない。すべての行為が自覚的な行為であるとすることで責任が問題になるのである。

食材の選択は、文化的に刷り込まれており、日本人であれば食材としての海鼠や蛸は別段いかがわしいもの、げてものとすることはないが、異なる文化圏では、それが大変異様な食材に見えることがある。われわれにとって、プラティークである食材選択が、異なる文化背景を持った人にとっては慎重な判断を必要とするプラクティスであり得る。

食人は、近代社会においては犯罪か病理として処理されるが、それが文化伝統の中に組み込まれ、その行為になんらの疑いも持っていない場合には、果たして犯罪といえるだろうか。行為者が犯罪であることを了解しないまま行為選択をした場合、その責任が問われるか否かは社会によって異なる。すべて病気のせいにすれば、罰することは困難になる。現実には、ほとんどの場合、病気であったとしても、自己責任が追及される。つまり、病気であったとしても、治癒に至るまで、社会人と区分され、隔離されることになる。

現在のわれわれの社会は、プラクティスとしての行為体系を想定して制度が作られている。自立した個人から形成されている社会を築くためには、各人を自分の判断で決断のできる人間として考える必要がある。前近代の身分制社会では、自分自身の判断が許されず、社会的に許容された範囲内の行為選択しか許されなかった。これに対して、自分自身の責任において自分の行為選択が可能とされる社会は大きな進歩であるといえるだろう。しかし、その代償として、われわれの行為はすべて自分の責任であることになった。

食人を文化伝統として持っている人々に対して、それを犯罪として処断することができるだろうか。伝統社会のルールと近代社会のルールが交錯する場面においては、それが犯罪か否かは大きな問題だろう。前近代の社会はプラティークを多く含んでおり、それを前提として行為の体系が理解されている。行為がプラクティスとしてのみ理解されることは危険である。

「人身売買」はプラティーク？

食人や売春といった近代社会では悪徳とされる行為でも、ある社会慣習の中では合理性を持っていることがある。合理性を近代西ヨーロッパに発した倫理体系だけで判断することは危険である。

人身売買でもそれなりに交換のルールがあり、商品と同じようには売買できないことが普通である。奴隷の売買が商品とは異なるのは、奴隷身分がどのように設定されているかによっても異なる。例えば、借金が返済できないために奴隷になるといった債務奴隷の存在が認められる社会がある。しかし、基本的には身分制社会において、その出自や家系で身分が決定され、それによって自由民ではないとされるために、自由民が債務によって身分を失うことはかなり例外的であるといえる。

このために奴隷が、自分の自由民としての身分を金を出すことによって買える場合と、買えない場合が区分される。奴隷は身分制社会における存在であり、どのように裕福になっても、自由民になれないことが普通である。しかし、他方で、奴隷身分でも大臣にまでなれる社会（中世トルコ）も存在する。

アメリカの黒人奴隷制度の評判が悪いのは、人間の売買についての古代からの交換のルールではなく、近代の市場交換のルールが適用されていたからである。多くの奴隷社会では、奴隷も結婚が許され、家族を持っていた。家族をバラバラに売ってしまうといった交換は、普通は考えられない。家畜と同様に繁殖によって労働力が増大することは財産を殖やすことになるとしても、家族を解体して商品として売ることは一般的ではない。人身売買には、ものの販売とは異なるルールが適用されることが普通であるのに、近代社会の市場交換のルールが奴隷にまで適用されたケースとしてアメリカがあり、それが強い批判を浴びたことが理解できる。人身売買のプラティークを経済的交換のプラクティスで処理することで残酷な状態をもたらしたことになる。

交換についてもプラクシスとしての交換と、プラティークとしての交換がある。経済学が考える市場交換はプラクシスとしての交換であり、さまざまな選択肢の中から合理的判断が行われて行為選択がなされる交換の体系である。

他方でプラティークとしての交換がある。クラ交換は明らかにプラティークである。交換そのものに意義があり、交換が儀礼として行われる。合理的な等価交換であるよりも交換への参加そのものが重要であり、交換は多義性を帯びる。つまり、交換が一回ごとに等価で完結したものではなく、そのような交換を持続させることが可能となるような「構造」が背後に存在したものになる。クラ交換や交叉いとこ婚のような交換がその例となる。

プラティークとしての交換では、交換の儀礼がしばしば付随するが、交換の結果は得られる利得ではなく、交換そのものに象徴的な意味を付与することによって交換が持続すること自体であるかもしれない。

プラクシスとしての交換は、打算的で、互酬的であり、その結果として等価交換、あるいは一般的にはそれに近い形に落ち着く。このために、市場の中では誰と交換してもよく、互いに見知らぬ人間同士でも交換が行われ、その交換は次の機会に影響しない。いっさいの交換が交換する品物の質と価格のみに依存するような場合を想定している。このような誰もが自由に参加でき、誰とでも交換が可能であるような市場が制度として成立した。

結婚や奴隷の売買など人間の交換は多くプラティークであった。それを近代は、人間の交換もまたプラクティスに置き換えた。プラクティスにおける人間は主体の側でしか考えられていない。自分が交換の客体（対象）となることを想起できないのは、近代の人間が自由意志で行為できるという傲慢さのあらわれである。

経済学と経営学

経済学は市場交換を基礎概念として分析をしている。経済学で考える交換は市場で無名の相手と行う交換であり、一回限りで次の交換を予定していない。このような交換のモデルは、取引が一回性で、常に自分のもっとも有利な交換を行うと仮定している。つまり、それ以前の取引関係や、将来の状況を考慮することなく、その場での最大の利益が追求されると考えるために、分析の枠組みは非常に単純化される。

このことで強力な分析手段を経済学は得ることになる。ところが、最近の経済学は、当初の仮定に修正を加え始めている。例えば、交換において長期取引を考え、長期にわたる利益を最大化するといった仮定をおく。ところが、長期とはどの程度の期間であるのかについては明確な目途はない。個人が取引をするのと、企業が取引をするのでは、長期の目途は異なる。さらに、消費者にとっての長期と原材料の供給者にとっての長期は異なる。また、製菓業界の長期と自動車業界の長期も異なっているだろう。長期取引を設定することによって、説明力は増大するが、現象を予測することはできなくなってきた。

また、取引コストの導入も同様のことがいえる。交換（取引）にはコストがかかるために、交換の相手が限定されると考える。取引費用を削減するために、継続取引が行われると説明する。すると、最も安い部品を購入するのではなく系列から調達していることが説明できる。たしかに、この説明で現象を理解することはできる。しかし、それで実際に交換の当事者の動機を説明できるかというと、かなり困難だろう。

結果としてでき上がったものに説明を加えることと、動機から始めてその結果が成立することは同じではない。取引コストは事後的説明であり、行為者は事前に取引コストを意識していたとは考えにくい。事前に取引コストの概念を知らなければ、それが合理的な選択であると認識することは難しい。これを筆者は、経済学は周天円を描き始めたと悪口を言っている。天動説を救うためにかなり無理をした仮説を立てたのが周天円説である。理論は正しいが、現実の方が法的な規制によって理論通りにならないという経済学者の主張はそれと同じ構造である。

経営学と経済学の区分を考えるならば、原理的に大きな違いがある。それは交換において、価値を媒介とするか、あるいは交換が先行するかという違いである。経済学は価値を実在の存在と考えて、それの運動法則を考えてきた。いわばニュートン力学における質量をモデルとして、価値の運動を考えてきたといってよい。ところが、経営学ではそのような価値モデルを採用することは困難である。それは経済学的価値が、誰がいつ測定しても同じ値を示すという保証のない状況が対象であるためである。もちろん、経済学でも価値を質量と同じような物理量と考えてはいないが、基本的には質量モデルでの測定が可能であることを前提としている。

経営学にとって、価値はさほど基本的な概念ではない。経営学では企業の利益は尺度として有効であっても、価値を経由しなければ利益が測定できないということにはならない。経営にとって重要なのは、顧客が価値あるものと認めて商品を買ってくれることである。

その意味では、価値という実在のものが商品に込められていると考えるのではなく、商品と特定の消費者との「関係」が問題となる。ある人にとって価値あるものは、他の人にとって必ず同じだけの価値があるとはいえないのであり、商品の価値が、すべての消費者にとって等しいわけではないと考える。

つまり、経営学で問題とするのは、主体とものとの関係性であり、主体にとって、その商品がどのように価値を持つかの分析である。経済学が実在としての価値を想定して価値についての存在論的分析を行っているとすれば、経営学では、価値の認識論的分析が行われている。

交換の場面でいえば、経済学的交換は、商品の中に込められている価値が等価であれば交換がなされると考えるのに対して、経営学での交換は、商品の認識が先行し、価値ある商品、魅力的な商品となっていくプロセスで交換が行われる。このために、経営学での交換はしばしば、非互酬的であったり不等価であるような交換を含んでいる。不等価交換を含んでいることは、認識を操作することによって生み出される不公正な取引をも理論対象としているということになる。つまり、ごまかしたり、混乱させることで、無価値なものを価値あるように思いこませるという取引である。実際、一時期のマーケティングでは、需要創造といういい方で、消費者の心理操作によって不要なものまで買わせることを主張していた。しかし、それは、不等価なものを等価に見せかけようとする議論であり、最初から不等価交換を想定しているわけではない。消費者が貨幣と商品を等価交換するわけではなく、消費者は必要なもの（needs）、あるいは欲しいもの（wants）を購入している。必要だから買う場合と、不要だけれども欲しい場合では交換の動機も交換の様式も異なる。消費者に即して商品を作ることが考えられなければ企業経営は成立しない。

実は、このような議論は、二〇世紀の半ばにK・ポラニーが指摘したことを別の表現で述べているに過ぎない。ポラニーは市場経済の受容こそが近代社会の大きな過ちであり、市場経済に社会が埋め込まれている状態に陥ってしまったとする。ポラニーはその状態を埋め戻すために、「大転換」が必要であると主張している。

ここでは、この議論を受けて、交換概念を拡張することで、市場経済から循環を想定した経済、あるいは生活を維持していくための経済への転換を考えていく。市場経済の行き詰まりは深刻であるとしても、それを転換する理論的枠組みを経済学者が作り出すことは困難である。なぜなら、経済学の基本的枠組みを捨てなければならないことになるからである。現在の経済学が、基本的仮定を救うために周転円を描き始めているとすると、それにこだわらずに経営学が独自の主張を行うことが必要になってきているといってよい。

現代生活の中のプラティーク

それは、人間の消費行動を合理的選択モデルとして考えることに対する批判である。合理的な行為の体系として生活が存在すると考えることはできない。交換概念を拡張し、行為をプラクティスだけではなく、プラティークの体系まで拡張することによって合理的な行為としての消費のみを考えるのではなく、生活の体系を取り込んだ消費を考えることができる。

交換が合理的な範囲にとどまっているならば、生活には目的があり、価値基準に従って合理的にふるまうことが想定される。現実には、プラティークの体系としての生活様式が存在し、合理的である基準は相当に曖昧である。交換も互酬的な等価交換であるよりも、遠い将来を見通した交換の体系が設定される。

このような交換を前提とした生活の体系は、これまでマーケティングの中でさまざまに実務感覚としては感じられてきたが、経済学の交換から離れて論じられることは少なかった。アメリカの知的伝統に由来し、ビジネススクールでの実務教育として行われてきたマーケティングは、どうしても合理的選択の範囲内で生活を論じようとする。生活が機能的に合理的なものとなるような枠組みの中で商品設計を行い、合理的選択によって商品が選択されると考える。

問題は、近代の思考がすべての行動をプラクティスとして処理しようとしているのに対して、現実のふるまいのかなりの部分はプラティークであり、それも、近代という時代に固有のプラティークを生じていることにある。なにげないふるまいが次第に積み重ねられ、判断を停止した状態が持続すると、そのふるまいをなすことが当然になり、結果としては、かつてプラクティスであった行動がいつの間にかプラティークになる。前近代の経験の蓄積としての豊かなプラティークに比べると、近代に固有のプラティークは近代の装置を自明のこととして、しばしばその装置が機能しなくなってもプラティークだけが持続する。さらに、それが近代社会の中に埋め込まれているために、プラティークであることに気づかない。

交換を等価交換としてのみ考えるといった思考の様式も、近代の装置である市場での自分の利益を最大化するというプラクティスが次第に固定化してプラティークになっていったものである。師弟関係を交換の文脈で考えれば、教師への謝恩は消え、富むものが払うというプラクティスが当然とされて、プラティークと化す。

われわれの生活は、プラティークに満ちている。なにがプラクシスであるのか、プラティークであるのかと意識することなしにふるまっていると、意識しない行動のほとんどはプラティークとなる。それを合理的な判断として設定すると、しばしば非常に窮屈な説明を必要とする。あなたはなぜその商品を買うのかといわれて、それを十分に説明できないことは非常に多く、それが機能的に必要であると考えることなく購入する商品は多い。

それぞれの社会における生活の体系は、機能的合理性だけでは説明の付かない要素を多く持っており、それの確認と再生こそが消費を考え、ものの流れ、流通を考える上で必要になってきている。新しい流行を作り出すことの快感を経験したとしても、それを持続的な消費として定着するためには既存の生活体系との共生が必要であり、それを意識しないような流行は持続しない。

プラティークを含む生活の体系がどのように有効な交換体系を持つかを考えていくことが、これからの大きな課題となる。われわれが生活を構造化して、それを合理的に設計してきた部分と、長期にわたる生活の維持のためにそれと意識せずにタブーを設定するような体系が、ともに形成されてきた。生活の中のものの流れを考え、循環を生み出していくような交換の体系が求められている。

II

流通の中の情報

交換が、市場交換で想定しているような合理的判断でないとすると、われわれはどのように商品の選択をしているのだろうか。セルフサービスの店で、何の説明もされなくても、大量の商品から欲しいものを選べるのはいったいなぜか。

さまざまな商品をめぐる情報が今どのように流れ、どのように編集された上で提供されているかを考え、現在の流通における情報の発信と受信を見きわめるならば、そこで「情報の圧縮」がなされていることに気づく。その問題点を考える。

5・商品情報の流れ

セルフサービスが成立するには

　われわれはコンビニエンスストアやスーパーマーケットで買い物をし、商品を選択する。これらの店は、セルフサービスの形態をとっており、店員に相談せずに自分で商品を選択しなければならない。日常的に当たり前のように行っているこのような行為は、実は大変なことなのではないだろうか。そのことに気付いたことがこの本を書かせるきっかけとなった。つまり、セルフサービスができるだけの商品知識をわれわれはいつの間にか持っているのである。

　いったいいつの間に、そのような知識を得たのだろうか。しかも、それを意識的に獲得したのではなく、知らず知らずの間に得ていることが今の社会の特徴である。商品情報をいつどこで得ているかに気付かず、結果としては、膨大な商品群を抱えた大型店舗に行ってほとんど困らないだけの知識がいつの間にか蓄積されている。そのことに、もっとびっくりしてよい。

もう一度確認してみよう。売り場面積が限られたコンビニエンスストアであっても、商品は相当の品目になる。その中で自分の必要とする商品を複数のブランドの中から選択をする。選択基準は品質や価格だけではない。なぜ他のブランドよりも望ましいかについての判断基準も含めて、相当の情報が必要であるはずだが、われわれはいともたやすくそのような情報を処理している。知らず知らずの間に商品に関する情報が流され、われわれはそれを受容しているわけである。

もちろん、そのような情報は、マスコミを通じて流されている。基本的にはメーカーから発信され、マスコミ・ミニコミを通した情報をわれわれは受容し、処理して、セルフサービスの形態に適応できるまでに大量に入力している。マスコミも電波媒体だけではない。町を歩けば、さまざまな情報が知らない間に流されており、われわれはほとんど無意識のうちに受容し、ブランド単位で情報を受け取っている。そのような情報をどのように処理するかについての枠組みを明確に意識しない間に、それが形成されていることにも注意する必要があるだろう。

このような商品情報は、どこまで通用するのだろうか。たとえば、外国のスーパーマーケットに行って、誰にも教えられずに商品を選択しなければならないような状況におかれたとき、どの程度まで商品選択ができるだろうか。実際には、ほとんど困ることはない。もちろん、どの国に行くかによってかなりの差があるが、それでも、このようなアメリカから始まった、セルフサービスの形態が広がっていった国はおおむねアメリカ型消費生活も浸透している国である。しかし、それ以上に商品の浸透力は大変なもので、同じ規格の商品を自国だけではなく、他の国でも生産したり、あるいは委託生産することによって、商品を提供している。

このために、自分の国での商品情報がそのまま通用し、かなりの程度まで商品選択は可能である。工業的に作られている製品は、ほとんど標準化されており、世界のどこでも商品としての特性は共通するといってよい。他方で、このような標準化ができない商品が生鮮食料品である。魚や野菜まで世界標準を設定することは困難である。この意味では、工業的に作られていることで標準化、規格化が浸透していることを確認することができる。逆に、ブランドのついていない商品についてはそれぞれに情報収集が必要である。

生鮮食品の商品情報が世界的に共通しないのはそれぞれの食文化が異なっていることが大きな要因である。食は基本的に保守的であるとされ、革新的な食の体系を採用することは困難である。しかし、食の基本は栄養摂取であるから、どれだけおいしいと思っても同じ食品を毎日食べたのでは栄養に偏りが出る。人はふつう不足している栄養素をおいしく感じるので、他の文化から見ると悪食に思われるもので、それを補う食体系が成立することがある。

食べてよいかどうかは記号論的な問題である。生理的レベルでは、毒である可能性の高いアルカロイドは苦く、すぐにカロリーになる砂糖は甘いといったように味覚が信号を発している。しかし、可食の食材と不可食の食材を区分するのは生理的なものよりもむしろ文化的な記号である。イスラム教における豚の禁止の場合では、それと知らずに食べさせられた敬虔なイスラム教徒が、そのことを聞かされて自家中毒症状を起こしたことが、石毛直道によって報告されている。豚を食べてはならないという文化記号が生理的には問題のない豚肉に対して、忌避反応を起こさせ、食中毒を引き起こす。

食物タブーは、文化的所産としての記号化がなされ、その記号の理解があってはじめて禁忌となる。消費が人間的行為なのは、食物といった非常に生理的な必要のあるものでも、実は非常に記号的な要素を伴っており、記号を手がかりとして消費が行われている側面が強いためである。記号による表示がなければわれわれは、ほとんどそれを食品であるのか否かを見分けることすら困難になった。したがって、商品として販売されていることが記号として表示され、そのことで情報処理を大幅に効率化できるようになっている。記号化された商品情報が近代以前の商品交換とは異なるルールを形成しているといえる。

情報が大量に流れ、その中から次第に商品情報の処理法を訓練され、今や消費者はそれなりの商品情報を仕入れている。コンビニエンスストアやスーパーマーケットで商品選択を自分一人で行える状態になっていることは十分に驚くべきことであるのだが、それを実感するだけの感性を持つ必要はすでに失われている。われわれの持つ膨大な量の商品知識は知らず知らずのうちに注入されているからである。また、その時に情報処理のルールも発達してきて、それに適応すれば、商品情報の大幅な縮減が可能となる。その処理ルールも知らず知らずのうちに受け容れている。

この状況を見極めるためにはセルフサービス以前の状況を見る必要がある。セルフサービスの成立は、大量の商品情報を消費者が持っていることが前提となっている。いまさらのようにいうのは、昔はそうではなかったことを再確認しなければならないからである。商品についての情報は誰がどのように提供していたのだろうか。現在、年輩の人に聞いてみると、ほとんどそれを意識していない。昔は商品情報をどの程度持っていたのか、明確に述べられる人はほとんどいない。なぜならば、商品そのものが非常に大きく変化したためである。

商人だけが情報を持っていた時代

昔の商品情報を考えてみよう。産業化以前の自足が中心の社会では、商業は商人によって商品が運ばれることによる活動であった。このことは、消費者は商人が持ち運べる範囲でしか商品を選択できないことを意味する。この条件の中で取引が行われた。少量輸送の範囲で、それに対応するだけの情報しか持っていない。このために、買い手は自分の購入しようとする商品について大量の商品見本を比較した上で選択することはできず、また、それまでに大量の製品を扱うという経験も持っていない。圧倒的に売り手である商人の方が情報量が多く、しかも互いの取引はそれぞれ納得ずくであり、商品の品質についての責任は買い手責任であった。要するに商品知識がなければ取引に参入できず、取引の責任は自分が負うことになる。

行商や市での商人を相手にするのであれば、相手の身元も定かではなく、次にいつくるかわからない商人に対してクレームを付けることは困難である。このために、取引はその都度の合意によるものとなり、商品を検品し、確認して購入するのは買い手側の責任である。もし、その商品が不良品であったとしても、それを見分けることができなかった消費者の側がその責任を負う。

市や商業が発達する以前では、そのような不安定な交換を防止するために、前述のクラ交換やポトラッチといった交換のルールが形成されていたといってよい。つまり、経済的な交換ではなく、儀礼的交換のルールに置き換えることで不誠実な交換を防止する制度が作られたと考えられる。しかし、交換が相手を特定できない状態で行われる場合、つまり市場での売買では、交換が偽計や暴力を伴って行われることを防ぐことは困難となる。基本的には買い手の側に責任を持たせることしか解決はない。

狂言の「末広がり」での取引を事例としよう。この狂言では、田舎大名が太郎冠者に対して、一族の集まりの際に長老に進上する引き出物として都の扇を用意しようとする。それを従者の太郎冠者に都まで買いにやらせる。太郎冠者は命じられた「末広がり」とはどのようなものかを知らないまま、都の大路を買い付けにかかる。「末広がり買おう、末広がり買います。のうのう、そこもとに、末広がりはおりないか。ジャア。ここもとにはないそうな。」（岩波書店「日本古典文学大系四二狂言集上」）。

「末広がり」でも太郎冠者は「頼うだお方」の言いつけ通りの商品を購入しようとする。「地紙よう、骨にみがきをあて、かなめもとしっととして、ざれ繪ざっとしたをもとめてこい」。この指示に対して、太郎冠者は都の大路を買い付けに回るが、しっかりと都人にだまされて、破れ傘を買わされる。太郎冠者は、扇も傘も知っていながら、「末広がり」という別称を知らないばかりにまんまとだまされるのである。この室町という時代での商業は、このように商品知識を持たないものは悪徳商人の餌食にされてしまう領域であった。情報量ギャップを利用すれば、二度とあわない客を相手の悪徳商法が可能となる。

このために、商人に対する評価は低かった。これは日本だけの現象ではない。たとえば、マーキュリーというローマ神話の神は、盗賊と商人にとっての共通の神である。この神の使いが蛇であったことから、今でも商業高校の校章に蛇が用いられることが多い。蛇は象徴としてはさまざまな意味を持つが、その生命力や不気味さという側面はたしかに盗賊にはふさわしい。

現在の流通ではほとんど実現しない一攫千金といった要素を兼ね備えた神がマーキュリーであり、その使いが蛇であることは、洋の東西を問わず近代以前の商業についての考え方を示している。「末広がり」で、太郎冠者をだます都の「すっぱ」も、このような盗賊的な商人であり、商品知識の不足につけ込んで、無価値なものを価値あるものと信じ込ませている。

だまされた太郎冠者にも言い分はある。「扇なら扇と、初めから仰せられたがようござる」と一人ごちる。なまじ末広がりなどと気取って表現するからだまされるのだ。しかし、太郎冠者はそれを頼うだお方に抗議するのではなく、都のすっぱから主の機嫌が悪いときの囃子物を教えられたことを思い出し、それを演じる。「傘をさすなる春日山、これも神のちかいとて、人が傘をさすならば、我もかさをさそうよ。げにもさあり、やようがりもそうよの」。

囃子でごまかして、結局は被害を自分で受け止めるしかない。現在の流通との違いは明確である。買い手が納得して購入したのだから、製品についてのクレームを付けることはできない。それが当たり前として浸透していたわけである。

買い手が納得するために「末広がり」の買いもの場面では、商品が主人の指示通りであることがすっぱによって再確認されている。「地紙ようとはこの紙のこと。よい天気に、よい紙をもって張ったによって、はじけばこのごとく、こんこん致す。また、骨にみがきをあてていうも、この骨。ものの上手がとくさ・むくの葉をもって、七日七夜みがいたによって、撫ずればこのごとくすべすべ致す。」

客の商品知識が豊富であれ、あるいは、不足しているところを流通業者に尋ねて商品情報を仕入れていくのであれ、それぞれの状況で顧客と商人の双方が納得して、交換が成立する。買い手責任とは、買い手の納得を前提とし、それに至るまでの情報の確認を買い手自身が行い、買い手がその商品を評価した結果として、購入に至ったことを意味している。買い手自身が納得できなければ購入しないだろうとする推定は成立しても、実際には商品情報について買い手に十分に開示されているかは疑わしく、買い手責任で処理できる範囲は少ない。

けれども、常見世《じょうみせ》として常に開店しているのでなければ不定期の市やあるいは行商では、売り手の責任を追及することは相当に難しい。いったん購入すれば、被害にあったとしてもそれを回復することは見込めない。その状況で、商人とやりとりするわけである。そこで消費者は自身がそれほどの商品知識を持っていないとしても、商人に対して、はったりをきかせて、何とか情報を引き出そうとする。

価格交渉を通して商品情報が伝わる

このようなプロセスは、商品の価格を決定するには、双方が納得するまで交渉しなければならないことを意味している。価格が小売りの店頭で交渉によって決定されるという状態は現在でも多くの途上国で見られる。セルフサービスで価格が表示され、価格交渉の余地がまったくないといった店頭の風景が成立したのは、一九三〇年代のアメリカであった。

それ以前では、小売店の店頭で店員と客が価格交渉をすることが当たり前であり、双方がそれぞれに納得できる価格になるまで交渉が続けられた。このような価格交渉にはもちろんかなりの時間がかかる。流通過程としては、それだけ店員の時間をとられ、人件費負担が多くなる。大規模な小売店では店員を多数おく必要が生じる。

このために、最初の大規模小売りの形態である百貨店では、最初から店頭に価格を表示し、店員は商品説明を行うだけで、価格交渉は行わないという形態がとられた。一八五三年にパリで開店したボンマルシェでは、主として衣類が販売されたが、そこでの店員は価格交渉を行っていない。

また、現金正価という点では、ボンマルシェ以前に三井の越後屋呉服店が一六七三年に開店している。店先で掛け値をせずに正価販売を行うという形態は、その後の百貨店と共通する。結局のところ、大規模な店舗で多数の客を迎えて、店員がいちいち価格交渉に応じていたのではとても対応しきれないことが正価販売の大きな要因ではなかっただろうか。この意味では、大量生産が開始され、大量流通、大量販売が浸透すると、価格を固定することがどうしても必要となる。

また、この時に、流通が一品ずつ商品を評価し、値付けすることが少なくなっていく。流通の機能には本来、個別の商品を評価し、その評価に応じてチャネルを選んで商品を流していくというものがある。高級品はそれを評価してもらえる顧客に販売しなければ高い価格では売れない。顧客が求めるものを提供することが流通の中で行われなければならない。

その商品が本当に価値があるかについて、的確な判断を下すことができるのはかなりの商品知識を持っている人間であり、流通がもっともそれにふさわしい位置にいることは少なくない。つまり、生産者・流通業者・消費者のうちで商品情報をもっとも多く持っているのは、室町時代であれば流通業者である可能性がもっとも高い。生産者は製造についての知識を持っているが、自分の作る範囲を超えた高品質のもの、あるいは、消費者が本当にどのようなものを求めているのかについての知識を十分に持っている保証はない。消費者も自分が使いこなせるか否かについての判断はできても、自分がその存在を知らない高品質な商品を追求することはできない。

このような意味では流通業者が適切な判断を行って、商品の価値を消費者に伝える役割を果たしている。もっとも、その役割を正直に果たすか否かは問題である。商業が盗賊と共通の神を持つことはすでに述べたが、不正直にふるまい、無価値なものを高く売りつけることがさほど珍しくなかったことは容易に想像される。

この状況での買い手責任であり、対面しての交渉を必要としていた。しかも、そのような状況は、かなり最近まで、あるいは社会によっては現在でも続いている。例えば、山田和『インドの大道商人』（平凡社）では、写真家でインドに関心を持った山田氏が、何回もインドに通って大道商人の写真を写した経験を書いているが、その中で、ある大道商人が、道ばたでノートを売っていた様子を報告している。その商人は、ノートを秤で重さを計りながら売っていた。手製のノートで、ページ数が一定しないので、枚数を数える代わりに重さを計って、価格を決めていたのである。一〇年ほど経ってから、再度、その商人を見つけると、もう秤を持っていない。どうしたのかと聞くと、ノート製造が工業化され、全部ページ数が同じになってしまったと答えたことが報告されている。

工業化が開始される以前は手工業として製品が作られ、それがどの程度の品質であるのかについては、流通業者が判断しなくてはならなかった。事実、大量生産という生産様式が行われて、一定の品質の製品が作られる以前は、すべての商品は一品ずつ流通業者が検品し、評価していた。商品の流れの情報センターは流通であったわけである。商品の品質を評価し、それに応じた価格をつけて、市場で売る。市場での価格交渉を通して商品情報が消費者に伝わるという情報の流れが存在した。

6・大量生産が商品を変えた

大量生産と大量販売、どちらが先か

商品の流れを大きく変えたきっかけは、大量生産であった。大量生産は、規格化された製品を繰り返し生産する方式で、フォード社の自動車におけるベルトコンベアシステムをその典型としている。生産の様式としては、基本的には同一の製品を互換部品を組み合わせて作る方法である。機械を生産する場合なら、個別の部品がどの機械にも適合するように、例えば、ストックされている中のどのボルトを使っても、その機械に使えるように規格化と標準化がなされる。

現在では当たり前のことだが、加工精度が低い時代には、当り前ではなかった。例えば、ボルトとナットは一組ごと切り出されていた。ボルトにあわせてナットを削り出さなければ、ボルトにぴたりとはまるナットを作れなかったのだ。ナットが転がってどこかに行ってしまえば、もう一度ナットを削らなければならなかった。ボルトだけ、ナットだけをいくつも作り、どのボルトとナットを組み合わせてもぴたりとはまるようになるのは、かなり新しい。

このような状況から、大量生産が可能になる程度にまで加工精度が高まって始めて、互換部品による生産が開始された。標準化と規格化が進行して、同じ製品を大量に作ることが可能となり、ベルトコンベアによる生産が工程の作業をできるだけ単純な作業に分解してゆく。これによって、機械化の可能性が開け、機械で繰り返し生産することによって均質の製品が大量に製造できるようになった。

大量生産は、何よりも製品を大量に作ることを目的として開発された方法と考えるべきである。コスト低減や品質の安定は、副次的な効果としてもたらされたが、最初からそれが目的で成立したわけではない。一九世紀の終わりから二〇世紀のはじめ頃では、まだ、世界全体が貧しく、作れば売れる状態であったために、「多く作る」目的で生産の様式が選択された。いわば、品質やコストは二の次で、大量に作る方法が求められた結果として開発されたのである。

ところが、大量生産を導入したことによって副次的な効果が現れた。まず、品質の安定である。同じ製品を生産するから当然であるといってよいが、それまでは一品ずつ生産していた状態に対して、大量生産方式を導入すると、生産された製品はばらつきが少なく、安定した品質になる。

大量生産の副次的効果のもう一つはコストダウンである。大量に作ることによって、製造効率が上がることが最大の要因である。大量仕入れによる買い付け価格の低下がさらにそれに加わる。

コストダウンや品質の向上という副次的な効果は、大量生産方式を世界全体に拡張していった。大量に作れるだけではなく、効率的に、低コストで生産が可能であり、さらには、品質が安定するわけだから、急速に広まっていったことも理解できる。

ところが、このような大量生産の成立のためには、技術的な問題だけではなく、社会的条件の成熟が必要である。それはまずなによりも、大量生産の前提として、大量消費が可能であること、さらに、大量販売が成立することが必要である。販売することができなければ、大量生産のための膨大な投資は行われない。売るためには、さらに、大量輸送や大量流通のための社会的機構が必要となる。

実際、大量の物流に関していえば、産業革命そのものの影響はまず輸送に現れた。蒸気機関は炭坑の水汲みポンプの動力を目的に開発された。が、それから、すぐに多くの工場の動力となっていったかというと、必ずしもその普及は早くはない。工場での動力として一般化したのは、一九世紀の中頃である。普及に一世紀近くかかっている。むしろ、蒸気機関が用いられたのは蒸気機関車と蒸気船、つまり、輸送のための動力である。このことは、生産よりも流通において社会的条件整備が必要であったことを物語っている。近代社会での経済活動において、生産での障害よりも物流での障害が、より大きかったと考えてよい。

大量輸送の成立は、輸送ができる商品の範囲が膨大に拡がっていったことを意味している。人力や畜力による輸送では軽い商品しか扱えない。胡椒や絹などの軽くて高価な商品であれば、商人が自分で運んで十分に商売になる。しかし、小麦や塩などはとても大量に運ぶことはできない。塩が商品になるのは、それが必需品であり、内陸の塩のない地域では生命にかかわるからであるが、しかし、本来大量に運ぶことが必要な品物であれば、地域で自給することが原則で、それができなければその地域は放棄される。かつての運送では、水運がもっとも大量の貨物を輸送できたが、内陸では運河を掘らなければ望むところまでの水運は困難である。しかも、運河では帆船は使えず、人力・畜力の補助がなければ運行できない。そこに蒸気機関が導入され、自走できるようになった。これはきわめて大きな変化であった。

このような意味で、穀物は長い間流通可能な商品ではなかった。日本の米の場合には、海運で輸送が行われるようになるまでは地域生産＝地域消費という枠組みの中でしか商品として成立していなかった。江戸時代のはじめに菱垣廻船や樽廻船によって全国が海運でつながるまでは、米は全国に流通する商品ではなかったのである。律令の時代には、祖庸調と区分された税のうち、祖は地方政府の財源にあてられ、庸は地方政府の用役であり、公共事業の労働力とされていた。つまり、中央政府の財源は残りの調が中心であった。調は、その地方の特産物を中心とする、持ち運べる範囲の品物であり、都まで運ぶことが可能であることが前提とされた。

ヨーロッパでも、このような物流の状態の中で、蒸気機関などによる大量輸送が開始されたことは、それまで商品とは考えられていなかったものが商品になり得たという点で大きな変化であった。米や麦などの穀物が輸送条件が変化したことによって、地域間の移動が可能となり、商品として扱われるようになった。大量輸送が可能になったことが大量生産を導くことになる。おそらくは、互換部品生産が可能であるような技術進歩よりも、大量輸送によって流通機構が整備され、大量生産の結果として生産された大量の商品を販売するためのメカニズムが整えられていることが、大量生産の成立条件としてはより重要であっただろう。

通常は、大量生産が行われたために大量販売が成立したように考えられているが、現実には逆で、大量生産の方が大量販売を前提としたといってよい。最初の大量生産の事例は自動車であったが、これは物流の中では例外で、製品が自分で動くために、物流はさほど問題にならなかった。このために、一見すると大量生産が大量販売を導いたように考えられてきた。実際には、大量流通が大量生産に先行するか、少なくとも、平行して進行しなければ大量生産の設備投資が行われることはないと考えてよい。

品質の安定とブランドの成立

大量生産によって品質が安定することはブランドの成立につながる。ブランドそのものは、かなり古くから製造者名を明らかにすることがなされている。他方で、ブランドがあることで品質を保証されるのは、大量生産以前ではかなり高級な品物のみであった。日本酒などは古くから銘柄があり、それがブランドとして機能していた。

それ以外では、たとえば日本刀の銘がブランドになるかは、かなり微妙である。日本刀の銘が、買い手にとってブランドとして機能していても、現在のブランドのように製品のすべてに銘がつけられるわけではなく、一定以上の品質のものにだけ銘が刻まれる。もちろん、これを品質保証として考えるならば、その機能はブランドそのものである。現代のブランドは、消費者にとって品質保証として機能するから、メーカーは検査を行って、ある一定以上の水準の品質をもつ製品にしかブランドをつけない。

このような品質管理ができていることがブランドの条件といえる。その点では、日本刀の銘もブランドとして考えてよい。けれども、この機能を持っているすべての商標をブランドといってよいかについては問題がある。日常的に用いられている製品のブランドと、きわめて高級な商品を同じようにブランドと呼ぶのは混乱を生じる。グッチや、サンローランといった高級ブランドと、コカコーラ、リーバイスといったブランドを同じ概念で考えるのはかなり無理があるだろう。

英語では、高級ブランドはセレブレティ・グッズと表現している。セレブレティ・グッズは、単に品質が高いというだけではなく、それを持っていることで他者と差別化されるといった意識を持ったり、それを持つことが社会的なステータスの表示になったりするという点で、品質の問題だけでなく、社会的記号としても機能する点に大きな特徴がある。ヴェブレンはこれを「衒示的消費《げんじてき》」と呼んだ。つまり実質的なものの消費よりも、保有による社会的身分の誇示のための消費である。

あるいは、ボードリヤールが「記号消費」としてとらえ、ものを消費するのではなく、記号が消費されていると考えるのも同じ現象を問題としている。このような消費の状況は、品質が高いことはもちろんであるが、そのブランドを他の人が知っており、それとわかる形で表示されていることが条件となる。例えば、ルイ・ヴィトンは本来運送業者であり、運送する際のトランクを顧客の要請に合わせて自家製造したのが始まりである。

ヴィトンのトランクは、フランスで一九世紀から始まったバカンスという習慣の中で、通常の生活用具をそのままバカンス先に持ち込みたいとするブルジョワジーの要請に応えるものであった。馬車などの輸送に耐えて安全に品物を輸送するだけではなく、ヴィトンのマークがつけられたトランクで輸送することが大きな目的であり、ヴィトンのトランクは、単にトランクとしての機能に優れているだけではなく、ヴィトンが特定の顧客用に作ったトランクであるという表示がなされている。また、ヴィトンは特定顧客に対して、一本の鍵でその顧客のすべてのトランクが開けられるように専用の鍵を用意する。この鍵は顧客の一人一人に対して登録され、それを持つことがヴィトンの顧客であることを示す。

このような顧客に対する対応によって、いやが上にも顧客は自分の社会的地位を意識することになる。ヴィトンが運送業務から離れて、鞄の専業メーカーになり、さらにさまざまなファッション品を作るようになると、ヴィトンの商標が高級ブランドである証となる。品質以上にヴィトンのマークのついたものを持っていることが社会的地位の表示となり、さらには、自分の趣味を誇示することになる。

他方で、大量生産によって作られる商品につけられたブランドは、大量生産の中で安定した品質によって、他社との差別化を図り、自社の商品であることを表示する。これは、次第に複数の企業が大量生産の様式を取り入れて、競争が始まったことへの対応として考えることができる。複数のブランドが成立し、それが同時に市場に投入される。消費者は、ブランドを手がかりとして製品を選択する。

ブランドで選ぶ――流通の情報提供はなくなったか

この段階では流通業者が一品ずつ商品を評価して、それぞれにふさわしい価格をつけるということは不要になる。どの品物もメーカーの検査に合格したものであり、機械で生産し、同じ規格で作られているために、基本的には同一の製品である。インドの大道商人が売るノートも、同じ規格、同じページ数のノートとなり、流通段階で評価する必要はない。さらに、消費者も特定ブランドのノートであれば、そのブランドを判断基準として品質を評価する。そうなると消費者の評価基準は価格だけになる。大道商人が成立するのは、価格と品質の両者が組み合わさり、消費者と対面販売する中で、品質を一品ずつ評価し、価格交渉していくことを前提としているが、それはもはや成立しなくなる。

こうして、商品の価格を表示するだけで、そのほかの情報は消費者が判断して購入するというセルフサービスが可能となる。この段階で、消費者は商品知識をメーカーから得るようになる。商品情報は大量宣伝によって提供されるが、これにはもちろん、宣伝に用いることのできるメディアが発達することが必要である。雑誌や新聞といったメディアが成立して、そこで商品宣伝が開始されたことによって、それまで流通業者によって提供されていた商品情報が、メーカーから消費者へ直接に届けられるようになる。

このことは、消費者にとって、直接の商品情報を受け取ることができると同時に、複数のブランド間の違いを自分で見極めて選択することを意味する。流通業者は、複数のブランドを比較することが可能な立場にあるが、長期にわたって消費者に対応するには商品情報をブランド横断的に提供しなければならない。特定のブランドを推奨するとしても、自分の利害だけで消費者に勧めることは難しい。

消費者がブランド選択をどのような基準で行うかは、マーケティング論でさまざまに研究されているものの、消費者の持つ情報がメーカーから提供されることが前提となっている。流通機構による情報提供は、これまでほとんど考慮されていない。かつては、商品情報を消費者に提供していた流通の機能はもはや不要になったのだろうか。

たしかに、市場機構が整備されて、どのようなブランドも等距離におかれている中での選択は消費者にとって望ましいともいえるだろう。すべてのブランドがそろっており、その中から自由な選択が可能であるような状態とは、消費者がすべての可能な選択肢を得ている状態であり、それを実現した形態が大型スーパーのセルフサービスである。そして、セルフサービスの形態が消費の標準であるとされるようになっている。

そのような状態は、いわば経済学の完全市場モデルを実現しているかのように見える。それを前提として消費者のモデルも組み立てられる。この条件で、流通についてのさまざまな変数、例えば、流通とメーカーの提携関係やリベートなどの問題を回避して、純粋に消費者の選択に消費をゆだねることになり、その意味では理論は単純化され、エレガントになる。けれども、それは同時に多くの現象を単純化し、残余を捨て去っていることを意味している。

このような消費の状態を理論モデルとして定着して分析することが現実の説明になるかについては、かなり疑問に思える。たしかに、消費者が自由な選択を行うためには、商品選択が可能な程度の情報を持っていることが必要であるが、その情報をどのようにして入手するかについては、ほとんど分析がなかった。

これまでの消費の理論では、消費者の側の対抗情報が提供されているために、消費者は自由な選択が可能であるとされていた。つまり、『コンシューマーレポート』や『暮しの手帖』といった媒体で消費者に向けた情報提供が行われているために、消費者も十分な対抗情報を持っているとされ、情報についてはそれ以上問題にされることが少なかった。

しかし、ブランドについての理論では、ブランド・ロイヤリティといった概念によって、消費者の選択は品質や価格に基づく合理的な判断ではなく、ブランドに対する信頼や習慣といった要素が非常に強く作用しており、しかも、それを意識した情報提供が行われていることが論じられている。最初から、メーカーの側の情報提供は、ブランドイメージを形成して、そのブランドに対する無条件の信頼を作り出そうとする方向で、情報の加工がなされている。

いずれにせよ、このようなブランドを巡る情報提供において、流通が消費者に情報を提供していた経緯は忘れられ、セルフサービスを前提としたメーカーの側の情報提供と、消費者の情報入手が前提になっている。このことを考えるならば、先に述べたように、現在われわれはセルフサービスで商品選択が可能なほどに豊富な商品情報を持っているが、そのことは大変なことであり、それを現在の生活では当然視していることに再度、検討を加えることが必要である。流通の情報提供は全くなくなってしまったのだろうか、あるいは、メーカーの側の情報提供と対抗情報の流れ方は健全であるのだろうか、さらに、流通の役割は大量流通を本当に前提としてよいのだろうか。

流通における商品の流れに付随して情報の流れが引き起こされる。情報の流れが商品の流れをどのように誘導していくのか。以下でこれらを考えていく。

7・市場《いちば》と市場《しじょう》

経済学が考える交換装置、市場《しじょう》

現在の流通は、大量流通とそれにともなう大量の情報の流れによって構成されている。さらに、流通の形態が対人接触を必要としないセルフサービスが中心的な形態になっていることが大きな特徴だろう。このような状態が、産業社会以前のアルカイックな社会における交換とは相当に異なっていることは明らかである。それは必然であるのだろうか、あるいは、そうなることは望ましいことであるのだろうか。

豊かな社会になるために、健全な消費をもたらすために、現在のような大量流通の社会システムは有効なシステムであるといえるだろうか。現在の商品交換についての理論は、経済学における市場モデルを適用することによって理解がなされているといってよいだろう。しかし、市場が有効な理論であるのかについてはこれまで指摘したように、多くの問題を含んでいる。

ここで、市場《しじょう》と市場《いちば》を区分することが必要となる。市場《しじょう》とは、経済学の理論が考えている交換の装置であり、現実の商品交換をモデルとしている。これに対して、歴史的存在としての市《いち》場《ば》は具体的な交換がなされた場所であり、この両者は区分される必要がある。

通常の理論的説明では両者を区分することはなく、市場として統一的に扱うことが多い。これは、現実の市場《いちば》を説明するための概念として市場《しじょう》が存在すると考えるためであるが、経済理論では、さらに制度としての市場《しじょう》と理念としての市場《しじょう》を区分している。制度としての市場は、経済学理論では、大量の無名の経済人が自分の利己的な関心に基づいて交換を行うものとされている。この市場概念を仮定して経済学は理論を構成している。このときの市場には、特定の個人が影響を与えることはなく、個々の経済主体の自由な判断によって価格が調整されていく。

ここで、市場《いちば》と市場《しじょう》を別の言葉で置き換えた方がよいだろう。いちいち読みをルビで示すことで区分しなければならないのは非常に手間だからなのだが、このこと、つまり、市場という語に音と訓で意味を区分するという日本語の状態は、それ自体として非常におもしろい。二つの意味を読みを変えることによって区分し、書き言葉としては、文脈によってどちらであるのかを読み解くことになる。このように一つの単語に二つの読みがあり、異なる語義に対応している状態は、市場概念が本来の日常語としての「いちば」から、抽象的な構成概念である「しじょう」へと転化したことを表している。

この両者を明確に区分しようとすると、読みをルビとして表示することが適当であるだろうが、それを煩わしいとすると、言葉を区分しなければならない。「いちば」と「しじょう」という音を残して表記を変えることも可能である。実際、アルカイックな交換の様式が近代にどのように変化してきたかを考察することに関心を持っている今村仁司（『交易する人間』講談社、二〇〇〇）は「いちば」に対して「市庭」という表記を用い、近代以前の交換が行われる場を考えている。この表記は室町時代の古文書に現れ、市場《いちば》を表記する時に、場よりもむしろ庭が用いられていることが指摘されている（網野善彦『米・百姓・天皇』大和書房、二〇〇〇）。

このときに、庭と表現するのは、市の立つ物理的な空間を指しているためであり、さらに、この空間が社会的に意味を持っており、公的な空間としての公界《くがい》と認識されていたことが示唆されている。その意味では、交換が行われるという以上に、交換に伴う社会的ルールの適応がなされる場所が市庭であり、現在の市場《いちば》というニュアンスとはやや異なっている。

また、虹が立つと、その虹の下に市を開くという慣習があったことも知られており、市庭は単なる交易の場所としての機能以上の意味を与えられていた。それは、時間と場所を限定して、非日常的な交換の行われる祝祭空間であり、近代の市場とは全く異なる空間であった。両者が機能的に連続しているとは思えない。「いちば」が「しじょう」に発達したのではなく、この両者は別のものであると考えるべきだろう。

市庭・マーケット・バザール

ここで、「市庭」を採用して区分するとすると、大和言葉の「いちば（市庭・市場）」が先行して、「しじょう」概念が後続したにもかかわらず、「しじょう」の方に市場という表記を譲っている点に不満がある。「しじょう」概念は、あらゆる「いちば」に共通する特性を分析し一般化しようとした概念であるが、市場《しじょう》の方が上位概念で、市場《いちば》を代替しているわけではない。その意味では両者が少なくとも等価となるような言葉を選ぶことが望ましい。

「市場」の語源は「市《いち》の開かれる場」を指していることは明らかであり、不定期な市が次第に常設されるようになったことから、市《いち》ではなく市場が用いられるようになったといってよい。であれば、「いちば」の代わりに市《いち》と表記するということも考えられるが、これも、歴史的な市と区分することが必要となり、混乱を生じる。現在でも市と呼ばれるのは、朝市や陶器市・朝顔市といったように常設ではなく、特定の日のみに開催される露店が多いことからもわかるように、市と市場《いちば》は微妙に異なり、その異なることが意味を持つ。やはり市の自由さを考えるためには両者を区分しておく方がよいだろう。ここでは歴史的経緯よりも現在の機能を問題とするので、「いちば」と「しじょう」を日本語ではなく、外国語で区分することを考えてみる。英語ではこの区分は、市場《しじょう》に相当するのがマーケットであり、市場《いちば》はマートとしておいてよいだろう。この区分を採用してもよいが、マートは日本ではさほど普及しておらず、さらに最近では、特にアメリカでスーパーマーケットの短縮形として用いられている。マーケットの方は現在のアメリカでも、完全に市場《しじょう》と同じ意味の言葉であるといってよい。

おそらくマーケットに対比して「いちば」の雰囲気をもっともよく伝えているのは、バザールという言葉であるだろう。バザールはペルシャ語の bz̆r に由来する言葉で、バーザールという音であるが、日本では慣習的にバザールとされている。バーザールの実体はかなり整備された定期市や常設市であり、特に常設市として発達したものを指していることが普通である。しかし、英語ではこの言葉が、バザーと言い習わされて不定期に行われる慈善のための催し、あるいは、常設店での特定期間だけの安売りを指すことからも、未整備のニュアンスを含んでいることがわかる。

さらに、マーケットは情報が整備され、どこになにがあるかについて非常に明確になっているのに対して、バザールはいかにも雑然として、次の角を曲がるとなにが現れるかわからないといった雰囲気で理解されている。現実のアラブでのバーザールは、非常に整備されており、特定の品目は一か所にまとめられているために、実際には次の角からどのような品物が始まるかは明確であるのだが、旅行者にとっては雑然としているようにしか感じられない。

これに対して、ヨーロッパの市場《いちば》は、ギリシャやローマの都市国家におけるアゴラ（広場）の伝統の上にある。つまり、広場のオープンスペースに露店が並ぶという形態を持っているために、バーザールがことさらに雑然としているという印象を与えたものかもしれない。さらに、多くのバーザールでは入り組んだ路地と、狭い通りに小さな店舗が多く集まっているためにわかりにくく、見通しの利かない作りになっている。

イスラム社会におけるバーザールと現在の日本で用いるバザールの間にはかなりの落差があるが、バザールは現在の日本の用法では市場《いちば》の意味で用いることにふさわしいといえるだろう。マーケットとバザールを使い分けることで「しじょう」と「いちば」の区分を表すことにする。また、市場メカニズムのような場合には、マーケットメカニズムと表記しよう。

経済学でのマーケットでは、商品情報はすべて既知であり、個別の経済主体はその情報によってもっとも経済合理的な判断を下すことができると考えられている。このような完全市場モデルが現実には実現していないことがしばしば論じられているが、問題はその妥当性よりも、完全市場を目標として制度を整備しようとすることであるといってよいだろう。

現実の経済取引は、さまざまな要因が絡み合い、交換としては互酬的等価交換以外の交換様式で行われていることが通常である。つまり、マーケットは実在しないことが普通で、説明のためにマーケット概念が用意されたと考えられる。現実にマーケットが成立しているのは非常に特殊な品目に限定されていることに注意する必要があるだろう。

例えば、通常の製造企業が販売を行う場合に、販売先は流通業者であったり、あるいは、卸売りの販売会社であったりする。市場にそのまま流してセリにかけるといったことは行われない。現実には大量生産を行う企業ではすべての製品がほとんど均質であり、流通過程で一品ずつ品質を確認して、その品質に応じて価格をつけていくことは必要ない。セリは必要なく、量と価格の交渉さえ決まれば、卸や大規模小売店に出荷される。どこにもマーケットと呼べるような存在はない。

流通過程の川下でも、現実に存在するのは大規模小売店の店頭であり、マーケットとはいえない。そこでは値引きもあれば、販売促進の手段も有効である。店頭での並べ方が影響し、あるいは、派遣販売員が客に対して実演販売を行うことで売り上げが上昇したりもする。

株式市場《しじょう》VS 生鮮物市場《いちば》

これに対して、典型的なマーケットが成立しているのは株式市場である。株式市場では一つの銘柄に対して一つの価格しかつかない。しかも、すべての株式の取引が原則として株式市場を通すことが要請されている。無名の経済主体が自己の利益に基づいて交換を行うという経済学の市場概念がほとんどそのまま通用する。

さらに、多少の品質のばらつきはあるものの、最終製品に向けた用途が明確な素材の場合、例えば鉄やゴムなどの商品市場もマーケットといってよい。また、でんぷんをとるためのトウモロコシなどの市場も同様である。これらは、どこの企業の製品、あるいはどの産地の製品といったことを標準化して品質規格を設定することで、単に量にのみ還元して取引がなされる。この意味では、金融マーケットと同様に、品質を同一として扱うことができ、需給関係で価格形成がなされる。

金融関係の商品は品質が全く同一であり、しかも、マーケットを通しての売買で価格が形成されることが義務付けられていることもあり、マーケットが実在しているといってよい。同様に、為替市場もマーケット性が非常に強く、経済学の市場概念が実現している。

これに対して、逆に品質に非常に大きなばらつきがあり、流通過程で評価が必要とされる商品で卸売市場が成立しているのが生鮮品である。生鮮品は零細な生産者が組合を作り、農協や漁協を単位として出荷し、それを卸売市場でセリにかけるという制度になっている。水産物の場合は、多くは生産地の卸売市場でセリにかけられ、中卸がセリ落とした水産物を消費地に運んで、そこの卸売市場で再度セリにかけられる。

このように品質にばらつきのある生鮮物がセリにかけられるのは、品質に対して評価が行われる必要があるためで、加工食品のようにかなり品質が安定している場合にはセリは必要とされない。また、この時に、品質のばらつきを確認するために生鮮品は卸売市場に集荷され、一か所に集中的に集めることによってセリが成立する。品質のばらつきの小さな食肉は、等級の区分がなされるとほとんど品質が一定になるために、卸売市場を経由する比率がもっとも少なく、青果物の卸売市場がこれに次ぎ、もっとも集荷する率が高いのが水産物である。このことは、中央卸売市場のセリの機能が、品質評価を反映した価格決定にあることを示している。

つまり、セリによって価格形成がなされるのには品質評価と需給関係の両者が関与している。品質を見分けて流通業者の評価機能を持つケースと、需給関係による価格形成機能の双方が、マーケットにおけるセリに含まれる。金融市場などでは、品質が同一であり、需給関係だけでマーケット機能が必要とされているためにマーケットが形成されている。他方で、生鮮物の場合には品質を専門家が評価し、それに応じた価格がつけられるために需給関係は関係するものの、マーケットとしての必要は主として評価機能にある。

このために、生鮮物では中央でのセリで価格形成がなされた後、末端では消費者がバザール性の強い小売店で購入することになる。特に、大規模小売店が発達する以前に形成された卸売市場の制度は、セリに参加できる資格を限定して、価格形成が専門家によって行われるようにしている。一般の小売店はセリに参加した中卸業者から購入するという形を取る。小売店は中卸から、相対《あいたい》取引（売り手と買い手が話し合って価格を決める取引の様式）で購入する。個別に相対での交渉を行うわけだから、大量購入による値引きもあれば、長期取引関係に由来する値引きも考えられる。金融マーケットのような経済合理性だけの判断ではない。

品質のばらつきの大きい生鮮物と同様に、一品生産の美術品にもセリがある。美術業者間のセリがそれである。また、作家から直接に購入するのではなく、美術愛好家からの商品提供の場合には形式としては古物商間の取引となり、この場合にもセリが成立する。この場合も、需給は無関係ではないとしても、基本的には商品（美術品）の品質の評価が行われることがセリの機能としては大きい。

品質の均一である金融マーケットと品質が多様な生鮮物卸売市場の中間にある、多くの工業製品についてはマーケットは実在しない。メーカーの販売会社あるいは卸売業者から小売店に流れ、その間にセリはなく、すべて価格は相対取引で決まる。消費者が購入する大規模小売店はマーケットに近いが、大量生産企業は多くの商品が集まるマーケットに出荷するのではない。

マーケットはバザールのモデルなのか

マーケットとバザールを問題にするのは、現実に存在するバザールをマーケットに変えるべきであるという制度的要請、あるいはイデオロギーがあるように見える点に由来する。現実に存在するのは人間の消費という行為であり、それを実現するための交換の場としてバザールが存在する。抽象的存在としてのマーケットは、理論的枠組みであり、それをモデルとして現実のバザールが運営される必然はない。

ところが、経済学者はマーケットメカニズムが機能しないのは制度的にマーケットを整備していないからであるとし、多くのマスコミ論調もそれに同意する。けれども、現実に存在するバザールが機能不全であるというわけではない。結局、経済学の理論が妥当しないために、マーケットに近付けるべきだと論じているに過ぎない。

交換が等価で合理的でなければならないとする必要はなく、生活にとってはアルカイックで前近代の様式であってもかまわない。近代の様式が合理的であり、もっとも社会的効率が高まる交換の様式であるかのように考え、それが実現する方向で制度が進むことの危険性については、すでにK・ポラニーが警告を発している。彼は、近代社会あるいは近代の文明がマーケットという文明要素を中心に構成され、それ以前の特性、つまり、人間の行為の全体性が失われていったことを問題としている。

消費は、単なる購入を意味するだけではなく、その商品の使用や廃棄までの一連の過程を含む人間の行為であるはずだが、近代の社会では購入だけを問題とし、消費と購入を同一視している。経済学での市場交換では、商品を最終消費者が購入した時点で経済行為は完結すると考える。ところが、現実の生活の場面では、その商品を使用し、不要になれば廃棄する。廃棄を消費の最終段階に位置付けなければ、物質循環としては完結しない。廃棄された商品がなんの物質的基盤も持たないということはほとんどない。商品としての情報は物質的基盤を持たないことがあるが、それを例外として、通常の製品では廃棄まで含めた人間的消費、つまり生活こそが消費の実態である。

市場はこのような人間の活動としての交換を、経済合理性の中に埋め込んでしまい、部分の合理性を追求することで、すべてが調整可能であるとする。マーケットメカニズムが社会システムの調整を自動的に達成すると考えることも自明とされた。このような経済学の思考様式に即して、マーケット機構が整備され、制度としてのマーケットが実体としてのバザールのモデルとなり、バザールをマーケットの方向に誘導することになる。

マーケットは、一回性の互酬的等価交換を要求する。その都度に完結する互酬性を前提として制度が整備される。前回の交換と次の交換は断絶したものであり、交換のルールは経済合理性を促進するように設定されている。交換を狭く考えた場合には、マーケットでの交換で考えることができるが、前述のように交換概念を拡張すると、経済的交換だけを考えるマーケットの制度だけでは不十分である。

現実のわれわれが生活している場面における交換の場所をマーケットと考えることによって、交換そのものが制約を受ける可能性を問題としなければならない。一回限りの交換として、その都度の等価交換が行われる状態だけを想定して理論を作るならば、交換の範囲は限定され、交換によって可能な対人交流も限定されることになる。レヴィ＝ストロースが女性の交換と呼んだ結婚の制度も、広い意味でのコミュニケーションもすべて交換として処理し得るのに、その中で経済的な等価交換のみを考えるマーケットが徐々に、交換の場のモデルとして一般化されることが、近代社会における人間の行為を狭くしてきた。K・ポラニーの警告はそのように読むことができるだろう。

8・パノプティコン――一望展望の情報処理装置

商店街とスーパーマーケット

　ここで、現在の具体的な交換の場を考えよう。われわれにとって、交換の場は百貨店やスーパーマーケットなどの大規模小売店、あるいは商店街などの流通業である。

　現在の流通は、大規模小売店に代表されるような大規模流通が基本となってきた。また、大規模小売店という名称に含まれる形容矛盾、つまり、本来は小規模であったために「小売」と呼ばれたのが、製造企業よりも大きくなるという状態になっていること自体に、近代の流通の持つ特性を考えることができる。大量流通が発達してきたことで、本来は個別の消費者に少量の商品を提供するはずの小売の機能が大規模化してきている。

　大規模小売店が成立し、それが小売りの大きな部分を占めてきたことは、小規模な店舗がそれぞれに仕入れを行い、その結果雑然としたイメージのバザールを形成していた状態を変化させる。つまり、大規模小売店は商品を効率よく並べ、消費者に商品についての見通しを与えるような売り場を用意している。

このことは、情報と関連して考えるならば、あたかもマーケットにおける情報の完全性が達成されているような幻想を与える。整備された売り場で、一望の下に商品を比較し、それを購入する。このような状態は、大量流通によってはじめて生み出された。

それ以前の小規模な小売店では、売れ残りのリスクを冒して多品種を品揃えすることは困難であり、最低限の品揃えにとどめている。商品を比較して購入することが可能であるのは、複数の同業の店舗が集積しているという条件が必要である。商品街がそれであった。

ところで、商店街での買い物はそれほど見通しはよくない。われわれの世代の母親が主婦であった時代、高度成長期に入った昭和四〇年頃に、食品流通は大きな変化が起きているのだが、その当時の日常の買い物を考えてみよう。

すでに冷蔵庫は家庭に普及し始めており、買い置きは可能であった。しかし、性能は低く容量も小さく、毎日買い物に行くことがまだ必要な時代であった。例えば、冷凍食品は解凍状態のものしか売っておらず、家庭用冷蔵庫には冷凍食品を保存する能力はなかった。当時は、スーパーマーケットは限定された地域にしかなく、商店街に買い物に行った。

このときに、食事のメニューは最初から決めていくことはまずない。特別なハレの日の料理でもなければ、メニューは食材の価格を見てから決定される。家庭が冷凍能力を持っていないだけでなく、流通過程も遠洋の水産物などの例外的素材を除いては、季節のものしか売っていなかった。

このために、季節の魚、季節の野菜は豊富に出回るものの、季節をはずれると価格は相当に高くなる。現在通年で出回っているキュウリやトマトも、当時は夏野菜であり、夏にしか見かけなかった。さらに、水産物にしても青果にしても収量は安定せず、価格は大きく変動する。現在では、海外から輸入する食品によって国内産の不足を補うので、価格はかなり安定している。また、精肉も同様である。現在のようなブロイラー生産が始まる以前は、小規模な養鶏によって供給される卵や鶏肉はかなり価格変動が大きかった。また、豚や牛にしても、需給によって大きく価格は変動する。主婦は価格の動向を見ながら、主素材を決めなければならない。

まず、魚屋と肉屋を回り、価格を確認する。商店街には複数の鮮魚店・精肉店があり。それぞれどのような素材がどのような価格で販売されているかを見てまわる。主素材が決まってはじめてメニューが確定する。その上で野菜や乾物など、ストックされていない副素材を購入することになる。主婦は商店街をおよそ二往復はしなければ今晩の食材はそろわない。もちろん、価格のことを考えなければ、このような手間をかける必要はないし、正月の行事食など最初からメニューが決まっているならば、素材がどれほど高くても購入することになるだろう。けれども、それは例外であり、日常的な買い物は主婦に商店街を歩き回ることを要求した。

これに対して、現在のスーパーマーケット（日本でのスーパーマーケットは本来、G.M.S.＝general marchandizeng storeと呼ぶべきである）では、売り場に立てば、肉も魚も野菜もそれぞれ一望の下に価格と品揃えが見て取れる。大規模小売店のこのような商品陳列が非常に大きな情報効率を作り出している。これは大量流通によってはじめて可能とされるシステムである。すべての食品を扱う店舗が出現し、それぞれに仕入れが異なるものを同一店舗で扱うということそのものが大きな変化であった。さらに、それぞれの売り場での品揃えは、全国からの入荷であり、その地域の産品だけではなく構成されている。

物流の限界が作った食文化

生鮮食品は、物流技術が発達し、交通機関が整備される以前では非常に限られた範囲しか行きわたらなかった。現在でも、限定された地域でしか用いられない素材は相当にあるが、その地域差はかつての物流の限界によるものである。日本での東西の食文化は、このような当時の物流による地域性を反映している場合が多い。

例えば、魚の消費は家計調査年報を見ると、東日本では鮭とマグロが多く、西日本では鯛とブリが多いが、これらはいずれもかつての漁獲のあるなしが原因である。東日本で赤身魚、西日本で白身魚が好まれているわけではなく、それぞれの地域で多く捕れた魚が消費されているに過ぎず、それが現在でも残存し、その魚の調理法や消費者の好みが形成された。一度そうなると、食に関しては基本的には保守的なのが常なので、見たこともない食材を受け入れるようになるまでにはかなりの時間がかかる。

現在ではあまり見なくなった鮭の新巻は、高度成長期にはお歳暮としてよく用いられた食品であるが、西日本ではその時点になるまで一般的ではなかった。また、もらったとしても、単に塩鮭としての調理法しか知らず、焼いて食べる以外の調理を知らなかったと思われる。頭の軟骨を氷頭なますにしたり、薄塩の新巻を酢で洗ってすしにするといった調理法はほとんどなされていない。高度成長期のある一時期に、まだ新巻鮭が珍しい時代だけに贈答に用いられ、西日本にも普及していったが、それは贈答の記号に裏付けられたもので、食生活上の文化として定着したものではなかった。

このように、各々の地域での産物を中心とした食の体系が成立し、各々の生活条件に適合した形の衣料や住宅の体系、つまり生活の体系が構成され、それぞれに必然性や合理性を持っていたと考えられる。この状態が、さまざまな情報媒体によって大きく変化し、地域ごとの生活体系とは別の全国流通による商品が流れ込み、大規模小売店の売り場を構成するようになる。

刑務所から生まれた展望装置

商品の一望展望が可能となることによる副次的な効果は非常に大きいが、この一望展望そのものが、近代の社会システムに組み込まれた大きな特徴であるとする議論がある。それは、M・フーコーによる議論である。彼はパノプティコンと呼ばれる、J・ベンサムが唱えた刑務所の形式を近代の象徴であると主張する。パノプティコンは、中心に監視塔があり、その廻りに放射状に囚人の独房が配置されたもので、中央の監視塔からすべての独房が見渡せるように設計されている。このような監獄の様式が実は近代社会における監視の様式となっていることをフーコーは指摘する。

実現したパノプティコン（アメリカの監獄で）

情報を効率的に得ることによって、比較検討が容易に行え、さらに異常や例外を監視する装置としてのパノプティコンは、近代社会における情報収集の基礎的な装置としての役割を先駆的にもたらしたといってよい。情報を比較し、最適を決定するという意味では非常に大きな要素である。例えば、軍事的には見通しのよい地点を確保することによって戦局を判断することが可能であるといったレベルの非常に単純な情報収集であっても、極めて有効である

情報処理としては、人間の頭脳が十分に効率的に行えるように情報が効果的に圧縮されている状態を作り出すのが一望展望であるといえる。これが近代のはじめに監視という場面において成立し、他の場面でもその条件が応用されている。近代の産業社会が効率を追求するために情報処理能力を発達させる必要に迫られ、他方で、情報処理技術が未発達であった時代には、パノプティコンは有効な手段となったといえるだろう。

フーコーが近代の特徴としてパノプティコンをあげたときは、われわれが見られる側におかれることを想定していた。われわれが、一望監視のシステムの中におかれて管理されるようになっているという意味で、パノプティコンは近代を象徴している。ところが、大型店舗の店頭では、われわれは情報を入手する側に回ってパノプティコンを利用している。

このような情報処理装置が売り場に設定されると、圧倒的に買い物は便利になる。それまでの商店街の往復は必要なくなり、買い物の時間は短縮されるばかりではなく、商品の品質と価格を確実に比較できるようになる。雑然としたバザールでは、商品の比較は困難で、価格だけを比較することはできても、品質までを確認することは難しい。大規模小売店のパノプティコ

ンが成立していなければ、ある店の一本五〇円のキュウリと他の店での三本百円のキュウリの比較は困難である。

あるいは、バザールはこの種の情報不全を結果的に作り出しており、そのために不正直な商売が可能になるともいえる。見通しが利かない特徴によって客を混乱させ、高値に誘導する。もちろん、客の方もそれに対抗するための訓練を受けているために、かなりの情報を事前に調べてから、買いたい品物に対してアプローチを始める。買い物が売り手と買い手の間のゲームになる。

商店街を圧倒する大型店

このように「スーパーマーケット(G.M.S)」の店頭がパノプティコンを構成していることに気付いたのは、若狭の小浜であった。小浜のいずみ町商店街には魚屋の集積がある。かつては、京都に鯖などの魚を送る問丸の集積地であり、「鯖街道起点」の表示がある。現在では京都に送る問屋としての機能は失われ、普通の商店街に変貌して、鮮魚店もかなり少なくなっている。しかも、空店舗が目立ち、看板が残ったまま店じまいしている。それでも十軒に近い鮮魚店が残ってはいる。

すでに、京都に鯖を送るという役割は持っていないために、集積の意味はずいぶん変わってきている。塩鯖の問屋としての機能はなくなったが、この地方の特産である笹カレイと呼ばれる干しカレイをそれぞれの店の前で干している。小売店が干物に加工して出荷しているわけで、おそらくは、かつての京都への流通ルートが残っているのだろう。味もそれぞれの店ごとに微妙な違いがあり、集積することでその違いが増大し、それぞれの店の味ができあがる。

この町は漁港を持っているために、鮮魚店の魚の鮮度は高い。鮮魚と自家製造の干物が売り物の鮮魚店ということになる。

これらの魚屋店のすぐ近くに、大型のショッピングセンターが開店していた。見るとこの大型店の鮮魚コーナーの方が圧倒的に集客している。大型店はそれほど特徴のある店ではなく、鮮魚売り場は通常の仕入れであるために、鮮魚店に比べると鮮度は落ちる。けれども、そちらがより多く集客している。

その理由は明らかである。品揃えが圧倒的に多い。小浜漁港で水揚げされた魚は安く、鮮度が高い。しかし、季節にもよるが、定置網と底引き網などによる漁獲であるらしく、魚種は鮮魚店で数種類しかなく、その店だけで売っているといった魚種はわずかしかなかった。品揃えに差がないために、価格差で競争する可能性がある。けれども、仕入れ値の差は浜での中卸のセリ値であり、これもそれほど大きな差は付かない。

一軒で、アンコウを見かけた。アンコウは家庭ではさばくことはほとんど不可能で、かなり大型であったので、家庭用とは思えなかった。家庭用に売るならば、丸体ではなく細かくさばいて、はかり売りするしかない。料理店が一匹を買ってくれることを期待しながら、注文があればさばこうといった様子である。

このように鮮度は高いが、消費者用に小分けするわけではなく、魚種も限定されている。この状態で商品選択を行うためには鮮魚店の多くを見て回ることが必要になる。それぞれの店で少しずつ価格が異なり、魚種の大半は同じでもわずかな違いはありそうである。すべての店をのぞいて、その上で商品選択を行う、なまじに集積があった時代の規模が残っているために、全部の店を歩くとかなりの距離になる。すべてを見て回ってから、どの商品にするかを決め、その店まで戻って買うことになる。

パノプティコンを実現し、品揃えの豊富さを持つ大型店と比較すると、不便さはどうしようもない。魚そのものは、鮮魚店の方が質は高いが、それでも客は大型店に集まる。

情報の展望が開けていることが大規模小売店の優位を生み出している可能性は非常に高い。かなりの店舗面積があったとしても、鮮魚と精肉・青果を一望に見渡せるような店を作ることは通常の専門小売店では困難である。通常、マーケティングでは大規模小売店の優位は、ワンストップショッピング（一か所ですべての品がそろう）という特性に求めている。しかし、それは、郊外型の大規模小売店に自動車で買い物に行くアメリカの消費者には実感できても、日本の場合にはむしろ、パノプティコンが成立していることの方が大きいのではないか。一回駐車場に車を止めて、買い物を始めれば、一か所ですべてが充足することには大きなメリットがあるだろう。しかし、徒歩の場合には、ワンストップショッピングはそれほど大きなメリットがあるとも思えない。むしろ、自動車であってもなくても、パノプティコンが成立した売り場はきわめて効率的であることが大きな理由であるだろう。

このような情報効率を追求できることは、マーケットの理念を実現したことになると経済学者は考えるかもしれない。それまでの、情報を自分の足で収集しなければならない状態に対して、商品価格が最初から表示され、価格交渉を行わなくても判断可能な状況で展示されている状態は、経済学的なマーケット概念を実現したかのように見える。それまでの経済的交換が価格交渉を前提とし、一つの商品がある人間に対する価格と他の人に対する価格が異なっているという状態だったのが解消され、すべての顧客に対して同一の価格が提示され、その価格で販売されていること自体がパノプティコンの産物であるといえるだろう。

価格交渉が行われることは、産業社会以前では当然のことであった。先に述べたように、商品の品質を売り手と買い手が相互に確認し、価格を決めることが必要なのは、一つ一つの商品が異なる品質であるためである。大量生産以前の工業では、手生産で一つずつ製品ごとに品質が異なり、それぞれに価格が決められる必要があった。現在でも、絵画や工芸作家の制作した作品は個別に価格決定がされるが、かつてはほとんどの品物についてなされていた。それぞれの品物について売り手と買い手が納得する価格を確認し合う交渉がなされなければならず、価格の基準を含めて交渉の中で決定される。

ところが、パノプティコンの状況では、あるジャンルに分類された商品はすべて均一の価格であり、一品ずつ価格交渉を行う必要はない。一物一価は少なくとも陳列棚の上では実現している。その中のどれを買うかについても、生鮮品などで多少の違いはあるものの、大半の客は比較すらせずに買い物かごの中に入れていく。パノプティコンが大型店舗の売り場で成立するための条件として、あるジャンルの商品は規格化され、ほぼ同一の品質を持っていることを考えてよい。少なくとも現在の量販店では規格化を徹底することでコストの削減を目指しているが、それがパノプティコンと整合的であることは明らかである。

9・パノプティコンの現場——大規模小売店

均一価格とセルフサービスの成立

このようなパノプティコンを実現した売り場は、大規模小売店の優位をもたらす。大規模小売店は当初は価格が安いことを強調していたが、いったんそれが浸透すると、価格がそれほど変わらなくなっても専門店に対する優位は持続している。価格優位は、仕入れが大量であることでより安く販売できることであるとされているが、この特性も、いくつかの条件に支えられていることに注意する必要がある。専門小売店と同じ仕入れ条件なら、大量仕入れがより有利になり、これは大量生産の製品については常に成立する。しかし、大量生産ではない生鮮品の場合でも大量仕入れをしなければならず、相対的に高い価格の品まで購入することが必要となる。生鮮品の卸売市場でのセリを想定すると、自チェーンのすべての店舗が必要とする量を購入するためには、価格が高くても一定量を購入し、しかも、すべての店舗で同一価格で販売するとなると、結果的にはかなり高価でも仕入れる必要が起きる。

このために、卸売市場を通さずに契約栽培を行ったり、あるいは、卸売市場の中で購入量が圧倒的に大きいことから、セリの前に大量買い付けを行うこと（「先取り」という）が認められるなど、それまでの取引とは異なる形態を必要とするようになった。つまり、全国展開をする大規模小売店のチェーンが成立したことによって、それを前提とした商品供給体制ができあがり、保鮮や冷凍などの技術が進み、流通の体系そのものが変化してきた。端境期に供給できるような保鮮庫や冷凍庫を持つことは、大型小売店の存在抜きには考えられない。大型小売店自身が持つのではなく、農協や出荷業者が保鮮庫・保冷庫を持つ場合が多いが、それが可能となったのも、それだけ大規模な買い付けがあるためで、それを前提としなければ経済計算には合わない。

また、不作などで品薄になった場合に、外国からの緊急輸入が可能であるのも、大規模小売店が大量仕入れを行うためで、船一艘といった規模での輸入が可能でなければ、採算上、青果物や水産物は輸入できない。

このことは、消費者が買い物をする場合に、相当程度の価格安定機能が大規模小売店に備わったことを意味している。地方の卸売市場で中卸から専門小売店へというルートのみであった時代では、その日の入荷量によって相場が大きく変動し、小売値もかなり変動した。事前に献立を決めた買い物が可能となるのは大規模小売店の成立以降である。大規模店舗の優位を低価格だけで説明するのでは不十分だろう。

大規模小売店を特徴付けるもう一つの要素がセルフサービスである。セルフサービスは、価格交渉を行わず、その効率化によって人件費を圧縮するとともに、価格を固定し、その代わりに最初からできるだけ価格を安く抑えるという販売方式であると説明される。歴史的には一九二〇年代のアメリカで始まった。セルフサービスが成立したのは、大量流通のメカニズムが成立し、メーカーが大量の商品情報を消費者に提供し始めたことに加えて、冷蔵庫が普及したことによって生鮮食料品のストックが可能となったこと、自動車が普及したことによって、大量の買い物が可能になったことなどによる。

つまり、家庭の消費生活のための装備が調えられ、また、流通における技術革新が加わったことによって、買い物の行動様式が変化してきたことがかなり大きな要因といってよい。これに合わせた革新として、セルフサービスで大量の商品をまとめ買いできる大型店舗が形成されていった。広大な国土をもつアメリカでは、毎日買い物に出ることは都市でしか可能ではなく、通信販売などの形態が発達している。また、地方の店舗は食料品から衣料までさまざまな商品を扱うことが普通であった。このことが、ドラッグストアやスーパーマーケットといった雑多な商品を扱う店舗形態を生み出した。

その複合的な状況、つまり、商店街でそれぞれ専門に分かれた店舗が存在するのではなく、規模には関係なく、多種の品物を扱う店舗が発達したのは、商業集積の乏しいアメリカの状況を反映したものであった。

このために、大規模店舗が成立したときも、多種の品目を扱う店舗形態が抵抗なく受け入れられてきたといえる。また、専門小売りではなく、多種の品目を扱うことから、店員の商品知識はさほど豊富ではないことも、セルフサービスの成立に影響したといえる。セルフサービスを導入して、人件費が下った分、販売価格を下げることが可能であった。

また、通信販売という形態が一般化し、現物を目にして購入するのではなく、カタログによって購入が行われるという形態が、よりいっそうブランドの必要を高めたことも指摘しておく必要がある。

このような条件によって、アメリカでセルフサービスという業態が可能となり、それが成功を収めた。大量生産は大量販売が実現することが必要であり、大量販売が可能となるような流通の形態を必要としていたわけだから、セルフサービスの大型店舗は、その意味では時代の必然であるといえるだろう。

日本でのセルフサービスの始まり

日本でのセルフサービスは、一九五六年、北九州市の丸和フードセンターをはじめとする。日本でのセルフサービスの導入についてはこれまでさまざまに論じられてきた。導入時には、マスコミを動員して、セルフサービスの形態について、大きな報道がなされ、それは同時に消費者に対する教育という性格を持っていた。セルフサービスという買い物の様式が次第に日本全体に浸透していくのだが、その当初は価格の大きな低下をもたらした。それは、大量販売によるコストの低下として語られているが、必ずしもコストだけの問題ではないように思える。

日本でのスーパーマーケットによる価格引き下げの要因には、それまでの流通過程で複雑に入り組んだ卸の体系が価格を押し上げていたことがある。メーカーが製造した商品をどのように小売りまでつないでいくかについては、歴史的な経緯があり、単純な経路で効率を追求することが行われていなかった。メーカー自身が販売会社を持っている場合もあれば、地域や製品ごとの卸が成立していることもあった。そのような卸が小売店網に対して支配力を持っていたために、メーカーから直接に買い付けることが可能になると、非常に大きな流通経費の節約になった。

問屋のデッドストックを大量に買い付けることで、ダイエーが低価格を実現していたことが佐野真一「カリスマ」（『日経BP』、一九九九）で描かれている。ダイエーの前身である『サカエ薬品』では現金で大量の大衆薬を買い叩き、この当時、九百円したパンビタンを五百円、五百円のグロンサンを三百円、二百円のアトラキシンを百四十円、九百五十円のポポンSを五百円と軒なみ三、四割以上の値引きをして売りまくった。」（佐野真一「カリスマ」、一五七頁）

ここで注意しなければならないのは、ここでの薬品が、すでに大量宣伝が行われて、消費者が十分に製品知識を持っている商品であった点である。パンビタンやグロンサンなどは、テレビ宣伝が行われて広く名前が知られた大衆薬の草分けであった。同じ薬品でも薬剤師による処方を必要とするものではこのような大量販売は不可能である。消費者に対して対面販売の必要がない商品をおくことが大量販売の場合の鉄則である。

この大量販売についてのノウハウを日本的に整備していったのは、丸和フードセンターを創業した吉田日出夫という人物であったとされている。丸和の場合にも、食品中心であったが、立地条件が、消費者に対する対面販売が不要であったことに注意する必要がある。つまり、丸和フードセンターは、小倉の旦過市場の入口にあり、そこでの生鮮食品の販売については、消費者は市場の他の店と比べながら購入することが可能であり、不足している商品知識については、市場の青果店や鮮魚店で補いながら、購入することが可能であった。

このことはずいぶん示唆に富んでいる。東京青山のスーパー紀ノ國屋を日本におけるセルフサービスの一号店として紹介する書物も少なくないが、それとの関係においても非常に興味深い。つまり、日本におけるセルフサービスの導入が本当にアメリカ型の大量販売をコピーした動きであったのかという点である。それを再検討することは多分必要だろう。

日本の大量販売の成立については、導入当初にさまざまなノウハウを確立していったことに注目すべきである。アメリカでのスーパーが入口と出口を明確に分離して、買い物の流れを作っていったのに対して、日本ではそのような構造は採用しにくかった。それは、日本のスーパーの店舗は、アメリカの郊外型の立地とは異なり、都市にあって、かなり小さな面積を前提としていたために、複数の入口を持つことが普通で、そのために、入口と出口が分離するようなデザインは取りにくかったことによる。

入口と出口が区分されないことは、当然レジを通らない客、すなわち、万引きの可能性を増大させる。このために、店内で用いられる買い物かごの開発が行われ、入口のデザインがさまざまに追求された。このようなノウハウは決定的にコストとかかわってくる。客が入りやすくて、しかも、万引きができないようなシステムを設計することが日本の場合の大量販売のノウハウとして非常に大きな部分を占めたことは理解できる。

このような障害をクリアしなければ、価格破壊や流通革命は達成できなかっただろう。逆に、そのノウハウを獲得したために、メーカーに対して相当に強い態度をとることができたといってよいだろう。ダイエーと松下電工のトラブルはこの文脈において起きた。ダイエーが価格破壊を標榜して、消費者に対する価格の決定権は小売店にあると主張したのに対して、メーカーの側の論理を展開し、それを否定しようとしたのが松下電工である。

価格を決めるのは誰か

ダイエーが、消費者にもっとも近い小売店が価格を設定すべきであると主張するのに対して、松下は製造物に責任を持つメーカーが価格決定権を持つべきであると考える。それぞれの主張は、それぞれに意味を持つ。価格がどのように決定されるか、小売店は、消費者の購入に直接にタッチするために、そこが価格を決めなければならないと考える。メーカーは品質を保証するためには最低限の価格が維持できなければならないと考える。

メーカー側は値崩れが怖くて、小売価格を維持しようとするが、価格を維持するために小売店に圧力をかけることは公正な競争を阻害するものとして法律で禁止されている。法律的には小売店が値段を決定することが当然とされるのだが、メーカーからすると、乱売されて価格が維持できなければ、その商品のイメージは低下し、価格も次第に低下していくことになる。メーカーとしてはある水準以上に小売値を維持したいのである。

ここで、価格の決定は需給関係で決まるとする経済学の主張は、明白な裏付けがないことがわかる。需要が増大すれば価格は上がり、供給が過剰になれば価格は低下する。この説明は長期的には妥当であるだろうし、それを経験することもしばしばある。けれども、常に価格が需給関係によってのみ決定されるわけではない。独占的な供給がなされているならば、価格はそれほど動かず、コストに対応した価格が設定される。

コストに見合う価格が形成されることが社会的には安定した生産を保証することとも考えておくべきだろう。逆にコストに対して過剰に利益のある状態も社会全体の効率からは、望ましいとは思えない。長期的には、過剰な利益が生じるような状態はなにがしかいびつであるから、次第に適正な利益水準に落ち着くことが期待できる。

また売り手と買い手の納得によって形成されるなら、その価格は合理的であるとされている。しかし、それが合理的な価格であるのは、双方が十分な情報を持ち、それぞれに合理的に判断することが前提となる。日常の購買行動がこのような合理的判断によっているとは考えられない。しかし、集合的には、合理的な行動であると仮定しても、長期的には妥当する。つまり、個別の行動では、合理的な価格でなくても購入を決定することがあるが、長期的には情報が次々に流されることによって、それが次第に修正され、合理的な判断を行っていると考えることができるようになる。

それでもやはり、個別の行動のレベルでは、それほど完全に合理的な判断がされているわけではなく、むしろ、非合理な買い物行動を持続することは長期的には困難であるために修正され、結果的に合理的になっていくと考えた方が納得できる。個々の消費者は需給の全体動向を判断できず、与えられた価格に対して、その商品を買うかどうかの判断をするのみだろう。理論的説明は、モデルとして理論形成を行うために用いられ、現実の行動をそのまま説明するものではない。経済学はマクロ経済の状況を説明するためのモデルから出発しており、個別の消費行動を説明しようとする意図から研究が始められたわけではない。

需給関係も、消費者は価格という情報によってのみ知ると考えられている。しかし、現実の価格形成は、需給によって決定される場合は少なく、需給が調整されるマーケットがある商品は、工業製品にはほとんどない。メーカーが商品を提供し、それを卸や小売りの流通業者が受け取る場面で、実際に価格のセリは行われず、小売店の店頭で消費者の目にふれる場所で、他社の製品との競争がなされる。

量販店にマーケットメカニズムは見られるか

セルフサービスの大規模小売店は、自由に商品選択が可能なパノプティコンの形で情報を提供しているために、あたかも経済学のマーケットが実現しているかのように考えられている。ところが、そこではマーケットメカニズムが機能しているわけではない。

現実には、価格や品質の異なるすべての商品ではなく、選択可能な範囲での商品が並べられ、その中から選択するに過ぎない。もし、すべての品揃えを本当に大規模小売店が行えば、必ず売れ残る商品が出ることは明らかだろう。不人気な商品と人気商品の適当な量的ミックスがあり、すべてを売り尽くすことが大規模小売店側の目的である。回転が速く、売れ筋の商品だけで店を構成すると、マイナーブランドを購入しようとする客がこなくなる。多数の顧客の満足を得るために、商品回転が悪くともある程度の商品構成上の品揃えは必要である。

この意味では、大規模小売店の商品構成は、パノプティコンを成立させていながら、実際は、すべての商品を一望するわけではなく、おかれた商品について一望できるに過ぎない。もちろん、日常生活からは、その展望だけで十分であり、生活を構成するために必要な範囲の商品はそろえられている。けれども、すべての商品についての情報がそろって、それを比較可能とするまでの条件は満たしていない。

結局のところ、消費者は売り場に並んでいる商品の中からしか選択できない。メーカーと交渉して、自分の望む商品を作らせるということは不可能ではないとしても、かなりの努力を必要とする。実際、メーカーが消費者の要望に添って新たな商品開発を行うことはそれほど珍しくないというものの、日常的に行われているわけではない。いくつかの事例が大きく取り上げられているのは、逆にそれがいかに困難であるかを物語っている。

消費者がメーカーに対して商品提案を行い、それをメーカーが受け入れるということが少ないのは、消費者自身が自分がなにを欲しているかについて明確に意識していないためである。漠然と自分のほしい商品をいうことはできても、具体的にどのような商品が望ましいかについて明確な言語化ができるためにはかなりの訓練と、そのための情報処理が必要である。通常は、与えられた範囲の商品から選択している消費者に、それを求めるのは困難である。

近代以前の売り手と作り手が一体化している状態では、客の注文を聞いて、それに即した生産、つまり、注文生産が行われた。商品開発は、そのまま客による注文であり、客はどのような仕様で自分が使うかを十分に知った上で注文を出した。それは、新規な商品ではなく、すでに十分な使用経験を持った商品であり、そのためにどこが不具合であるから、それを直してほしいという注文が可能であった。

現在でも、それに近い商品作りをしているのが、京都にある一澤帆布である。この店はもともとはその名称の通り帆布を扱っていたらしいが、その帆布でテントを作り出した。京都大学の山岳部や探検部がそのテントを使っているうちに、リュックサックを作ってほしいという注文をするようになった。頑丈な帆布生地でのリュックは非常に好評であり、次第にリュックサック以外の鞄も作るようになった。帆布の鞄であるから、ファッションや見栄えなどはほとんど関係なく、実用を旨としていた。京都大学探検部の関係者の間から徐々に評判が拡がり、帆布の鞄は注文生産から次第に一般に販売されるようになった。

当初は探検部が自分の使い方に合わせて、フィールドノートを入れるためのポケットを用意してほしいとか、筆記具を入れる、あるいはカメラをつるすためのフックなど、それぞれに要求を出して、それぞれのモデルを作っていたが、現在では、それをパターン化させ、さらに、色見本を付けて、ガリ版刷りのカタログにしている。特別仕様もできなくはないが、相当に時間がかかる。しかし、現在でも昔の雰囲気が残っているのは、修理については、必ず引き受け、補修が行われている点であろう。

一澤の鞄が評判をとっているのはカメラマンの世界である。複数の重たいカメラを持ち歩く必要のあるカメラマンは、その用途に合わせて、機能的で丈夫な鞄を必要とする。それに一澤の製品が適合し、日本だけではなく、世界のカメラマンの間で知られている。

当初の探検部の注文は、自分がどのような使い方をするかについて十分な経験と、それを具体的に表現する言葉を持っており、それが製品化のための情報をメーカーに与えることになった。このような意味では、消費者からのクレームや注文というのはメーカーにとって非常に大きな財産である。しかし、実際には、多くの消費者は、製品をどのように変えるべきかを表現する言葉を持たず、具体的になにを望んでいるのかをメーカーが読み取ることは難しく、多くの情報は十分に生かされることなく単に蓄積される。これまで使ったことのない商品を構想することは、一般の消費者にはきわめて困難である。

商品の選択についてだけ考えれば、大規模小売店の売り場は消費者にとって非常に効率的で、したがって、消費者に有利になっているように見える。しかし、消費者が対面販売から遠ざかることで、その場は商品を選択するだけの場となり、作り手に対する情報を提示することはできなくなった。セルフサービスは、消費者が作り手に対して発するメッセージを商品を選択するか否かに限定し、なぜその商品を選択しないかについての情報は作り手に届かない。

マーケットでの消費者の商品選択をブラックボックスとして考えることは、マーケットの理論そのものに由来している。マーケットではなぜその商品が売れないかについての分析装置を備えていない。マーケットは消費者の完全情報を前提とし、すべての情報が消費者に伝わっていることを前提とした上で選択がなされていると仮定する。このために、他の競合商品との差別化は説明できても、品質・価格以外の要因による売れ行きの不振を説明することはできない。

問題は、このような大規模小売店に見られるような流通のシステムが標準化するばかりではなく、それに近づくことが理想であるかのように誘導がされている点にある。交換の様式として、一回性の経済交換を実現し、非人格的な交換関係をもたらすような大規模小売店の店頭では、情報完全であるかのような幻想を持つ消費者が作り出されている。現在の消費の状況は必ずしも理想的ではないが、経済学のマーケット概念には適合的な状況になっている。大規模小売店での売り場の状況は、アルカイックな交換に比べ、その効率は大幅に上昇している。しかし、それが本当に健全であるのかについては考える必要がある。効率的なマーケットであることが、社会的に望ましいことであるのか、効率が経済的交換を推し進め、マーケットメカニズムによって社会が調整されると考えることが本当に有効であるのか。その点での検討が必要である。

さらに、かつての商品交換の様式も完全に失われているわけではなく、われわれが生活を構成していく場合のハードウェアの構成を行っていく際に、古い交換の様式がそこここに現れていることを考える必要がある。近代社会が身分制度の枠組みを脱却していても、レヴィ＝ストロースの「女性の交換」という概念は現在でも持続しているといってよい。もちろん、レヴィ＝ストロースがいうような交叉いとこ婚の制約はすでに存在せず、自由恋愛による結婚が可能な条件は整っている。しかし、クラ交換やポットラッチのようなさまざまな交換の様式は現在でも持続している。必然がなくなったからといって、それが失われたわけではなく、さらに、その必然がなくなった理由についても検討を進める必要がある。

10・ブランドという情報

膨大な商品とレシピ知識

大規模小売店によるパノプティコンの成立以来、その形式による売り場での情報処理が普通になり、それが標準であると考えられるようになった。しかし、再度強調すると、これだけの量の中から自分の必要とする商品を選択できるためには膨大な商品知識を必要とする。現在の商品はその品目の多さから、近代以前の社会とは比較にならない知識量が必要になる。例えば、繊維素材だけをとっても、かつては天然繊維しか存在せず、木綿と麻を中心として羊毛や絹を加えれば、それでほとんどすべてであった。現在では、合成繊維・化学繊維が存在し、その混紡まで考えると、極めて多様な繊維があり、それを目的に応じて使い分けることが必要とされる。

実際には、消費者はアクリル繊維とポリエステル繊維がどのような工程で、どのように作られ、繊維としての燃焼の程度や耐久性などがどのようなものであるのかについて、明確に知っているわけではない。また、それを知ることが必要であるとも思えない。むしろ、消費者はタックについている洗濯のための注意事項を見たり、あるいは、使用上の注意を読むことで商品知識の不足を補っている。最初から素材についての知識ではなく、使用上の知識によって代替している。また、洗濯を繰り返した場合の色落ちなどは、最近の衣類ではほとんど問題にならない。それほど洗濯を繰り返して、すり切れるほど着ることがなくなっているためである。逆に、ジーンズなど使い古して風合いの出るものは、最初からその風合いを出した製品を売っている。

このような商品知識が蓄積されるプロセスをわれわれは意識していないが、それでも徐々に日常の中で獲得され、次第にふくれ上がっている。生活の中で徐々に獲得された知識がどの程度になるのか、逆に、外国で生活するといった、既存の知識がキャンセルされた状況では、それがどの程度の期間で回復するだろうか。この点についての研究は見かけたことがないが、ある程度の生活経験を持っていれば、それぞれの社会で驚くほど早く回復するように思える。むしろ、以前の生活の知識が完全にキャンセルされるわけではなく、その類推と応用で相当早くに生活についての必要な知識を再学習すると考えてよい。

日常生活を送るための知識の体系を、Ａ・シュッツはレシピ知識と呼んだ。赤信号であるならば止まれ、青ならば渡ってよい、あるいは、穴のあいた硬貨は五十円玉である、それを自動販売機に入れてキーを押すと品物が出てくる、といった、日常生活を維持していくための知識の体系である。このような知識の体系の中に、日常の商品情報が付け加わる。知識としては、役に立てばよく、それを深く追求する必要はない。われわれの日常の商品知識もこのような底の浅い知識であり、それを蓄積して使い捨てにしている。

また、深さはないものの、それが生活の中で統一性や体系性を持っていることにも注意すべきだろう。けれども、日常生活の中では意識する必要もなく、それを一般化して応用するということもない。このような性格であるために、できるだけ簡便に用いることができるように、知識が縮約される。個別の商品の品質を調べることなく、商品に付与されたブランドを信頼することも、そのような情報の縮約の一つである。

商品の品質を確認することなく、ブランドだけで商品を評価する。このような単純な評価基準が可能であるのは、個別の商品に対する品質管理が行き届き、すべての商品がある一定以上の品質を確保していることが前提になる。一定の品質が確保され、さらに他のブランドとは異なる特性を持つためにブランドによる競争が行われる。また、ブランド自体に情報が集約され、それを手がかりに商品選択が行われる。

無添加、有機栽培というブランド

このときに、どの程度商品自体についての知識を持っているか、あるいは、ブランドに対する信頼度を持っているかについては、個々の消費者で大きな差がある。かなりの知識を持って商品を判断することができる領域は、それぞれの消費者によって異なるが、この違いが相当に現れるのは食品である。食品については安全についての意識がかなり浸透しており、原料や添加物についての意識が高まり、さらには残留農薬や遺伝子組み替え作物、さらに、飼育や栽培法についての意識が高まることで、見かけだけでは判断できない領域にまで関心が及んできている。

例えば、野菜について、高度成長期では野菜の選択基準は鮮度のみで、鮮度の見分け方は、腐っていないことや葉のしおれ方など見た目で区分することが可能であった。これは保鮮の技術やコールドチェーンが発達する以前の判断基準であり、水をかける程度の保鮮ノウハウしかないときには、鮮度を見分けることは難しくなかった。また、品質にしても、品種についての知識があればそれで十分であった。現在に比べると流通範囲が狭かったから、その地域の品種の知識だけを持っていればよく、それほど多くの品種についての知識を持つ必要はなかった。

ところが、現在では、非常に多様な野菜が出回っている。日本の固有種だけではなく、中国野菜や西洋野菜など、高度成長期には見られなかった野菜が数多い。例えば、青梗菜・パクチョイ・黄ニラ・ニンニクの茎、ズッキーニ・ポロネギ・リーキーなどはかなり日常化している。また、オクラやモロヘイヤといったアフリカ原産の野菜も導入され、特定の料理だけではなく用いられている。また、ピーマンも高度成長期以前ではほとんど使われることはなく、食の洋風化によって導入された野菜である。それまでの唐辛子（シシトウ）に代わって用いられるようになったわけで、家庭で総菜の材料として用いられることはほとんどなかった。野菜の種類は非常に変化してきている。

さらに、このような品種の多様化に加えて、加工した場合の添加物についての問題がさかんに議論されている。例えば、ジュースなどのリン酸を主体とする合成保存料や合成色素などが問題とされ、その安全性についてさまざまに議論されている。さらに、ポストハーベストでの残留農薬の問題も、安全性について大きな関心が払われているといってよい。

さらに、減農薬や無農薬栽培に関心が集まり、化学肥料を使わない有機栽培が評価されるようになっている。これに応じて表示も複雑になり、単に目で見ただけでその商品の品質を判断することは不可能になってきた。実際、スーパーの店頭では産地表示だけではなく、その品物について、添加物の有無から栽培の状況までの表示がなされている。それらの情報すべてを考慮しなければ商品選択ができないとすると、消費者は相当の知識を持つことが要求されることになる。
実際には消費者はそれほどの情報を持っていない。むしろ、ブランドに相当する「有機栽培」といった表示ですべてを代表させようとする。情報をできるだけ単純化し、安全が確保されているとする表示を求めているわけである。このために、有機栽培の基準が設定されるわけだが、ことはそれほど簡単ではない。アメリカでの有機栽培の基準をそのまま日本に導入すると、有機栽培表示ができる商品はほとんどなくなり、輸入の有機栽培商品と競合できなくなるおそれがある。

アメリカでの有機栽培の基準は、五年間以上化学肥料を用いないこと、農薬を使用しないことに加えて、農薬を散布している畑から二〇メートル以上離れていることが要求されている。この最後の条件が、日本で厳密に守ることが難しい。隣の田畑と二〇メートル以上離れているか、あるいは隣も農薬をまかない田畑に限られることになる。隣に農薬をまくなとはいえないから、条件に適合する畑は非常に少ない。

また、機械化された広大な畑を持っているアメリカに比べ、日本のように小さい面積で採算がとれるようにするためには、収量の確保が必要であり、最小限の農薬散布によって虫害から守ることも考えられる。良心的に栽培すると無農薬ではなく、減農薬で栽培することがより望ましいという主張もなされている。

このような状況を消費者が知った上で「有機栽培野菜」を選択するか否かの決定がなされるならば、価格や品質についても十分に納得した選択であることになる。しかし、情報を縮約して、有機栽培の表示だけに反応すると、有機栽培を無理に行うことで農業全体について大きなゆがみを生じるかもしれない。この点では、なぜ有機野菜でなければならないかについて正確な知識を必要とする。

これに対して、生鮮食品ではなく、工場で工業的に生産された食品であれば、かなり細かな品質表示が可能である。また、その安全性についても品質管理が行き届き、ブランドによる情報縮約が容易となる。その食品の特性をブランドで判断することができる。

情報縮約がなければ、われわれが商品選択をすることは非常に困難となるだろう。ブランドに対する信頼をどのように確保するかについて、自社ブランドが商品選択の基準となるように、消費者のブランドに対する信頼を確保するようにメーカーは努力する必要がある。逆に、消費者はブランド以外の情報をどこまで活用できるかについて考える必要がある。

鮮度信仰を生んだもの

現在の消費者は商品選択において必要とされる情報があまりに多いために、ブランドのような縮約した情報処理体系にたよっているといえる。しかし、では現在のように商品が豊富になる以前の消費者は、十分に自分の商品選択についての情報を持っていたか、というとそうとも思えない。一般には、高度成長期以前、あるいはさらにさかのぼって産業化以前では、商品の種類は少なく、その商品については生活の中での使用経験が豊富であることから、商品選択能力は相当に高かったと考えられている。

しかし、例えば、われわれの母親の年代がそれだけの訓練を受けていたのかというと、かなり心もとないようにも思う。生鮮食品については、それが出まわる旬の季節にしか購入せず、その季節に集中的に購入していた。大量に出回っている中で、小売店で仕分けされ、品質が評価されて、品質に応じて価格がつけられた。安い品はそれなりに問題があるか、あるいは大量に収穫され、入荷するから安いかいずれかである。消費者が掘り出し物を買うことはあまりなく、おおむね価格に反応していれば、それで品質についての見極めは十分であっただろう。

そのように考えると、消費者はそれほどの商品知識を持っていなくてもよかったように思える。特定の季節に集中的に販売される商品がほとんどであり、その品質の評価は流通が行っていたのである。当時の消費者向けの手引き書を見ると現在のそれとは比べものにならないくらい単純である。魚の鮮度は目を見て判断するとか、あるいは、キュウリの鮮度は手にとった時その肌の棘が残っているもの、あるいは粉を吹いているものが新しいといった程度の知識が紹介されている。

もちろん、書物に書かれた記述であるから、見た目の違いは経験でしか伝えることができず、記述不能な微妙な違いを見極めていたかもしれない。しかし、この程度の鮮度の判断しかなかったことは明らかで、現在の鮮度保持の技術水準から見ると、ほとんど問題にならないくらいの知識だったように思える。野菜が完熟しているかどうかぐらいは眼で見極めはつく。昔の主婦の野菜や魚の見極めの実力がどの程度のものであったかは、意外に知られていない。

けれども、鮮度こそが品質を決定するような時代で、しかも保鮮の技術がほとんど開発されていない状態では、鮮度についての判断が品質を見極める決定的要素であった。さらにいえば、コールドチェーンの発達していない時期では鮮度は高ければ高いほど品質はよいとされていた。新しいものがおいしく、鮮度さえ高ければ確実に品質がよいと考えられ、それは大まかなところでは妥当していた。

現在では鮮度が高ければおいしいということは確実にはいえない。鮮度保持の技術が発達したことから、食べ頃以前の段階で収穫されたものの流通が増大してきたためである。生鮮食品については温度管理などのほかに、酸素供給を少なくする保鮮技術が開発され、以前とは大きく変わってきている。鮮度が高くても高品質ではないために注意が必要となる。生鮮三品（青果・水産・精肉）の中で、もっとも熟成を必要とするのは精肉である。

動物では一般に、絞めてから時間をかけないとうまみは出てこない。生きている状態では筋肉を構成するタンパク質が高分子のままで、ほとんど味がない。これは、高分子のタンパク質（高級蛋白）の状態では人間が舌に感じることのできる遊離アミノ酸がほとんどなく、そのために味を感じないためである。遊離アミノ酸はグルタミン酸に代表されるうまみの元であり、分子量が小さいものに味を感じるのは炭水化物と同様である。つまり、高分子のでんぷんはほとんど味がなく、二分子の結合したショ糖や一分子のブドウ糖・果糖などに甘みを感じる。例えば、豆乳が凝固して湯葉になると、非常に淡泊な味になり、ほとんど味を感じず、わずかなアミノ酸のうまみを感じるだけになる。

動物の場合には、死後すぐに食べたとすると、生きていて活動していた状態の筋肉であり、うまみはほとんどない。死後硬直が解けた段階で、自分の体内に持っている酵素の働きで次第に柔らかくなり、同時に遊離アミノ酸が増大していくためにうまみが増してくる。熟成させなければ食べてもおいしくない。あるいは、加熱してタンパク質を分解することではじめておいしくなる。

このために、加熱をしない料理法、つまり、刺身で食べる場合には、熟成はどうしても必要である。活け作りが舌触りだけで決してうまみが多いとはいえない理由はここにある。鯛の場合には、熟成が進むまでかなりの時間を必要とする。鯛は一晩おいて食べろというのは、熟成に時間がかかるためである。元大洋漁業社員で、現在は経営学者になっている法政大学の宇野斉氏によれば、鯛は絞めてから七二時間後に遊離アミノ酸が最大になるとのことである。締めて三日後にうまみが最大になるということになる。

もっとも、これは遊離アミノ酸だけで判定した条件で、寿司屋などは食感や舌触りなどを考えて、もう少し早い段階で握りにする。この熟成時間は、魚種によって異なり、鯛はかなり長いが、イワシやサンマなどの青魚はかなり短い。また、エビは熟成の必要がない例外である。これは筋肉組成が魚と異なって、低分子のタンパクでできているためで、熟成させると、適度を超えて熟成が進み、すぐに腐敗に近づく。エビはかつては加熱するのが常識であった。すし屋のエビも普通は加熱してから握る。エビの活け作りが開始されたのは第二次世界大戦後になってからのことである。

谷崎潤一郎が『細雪』の中で、当時流行し始めた大阪の寿司屋（寿司捨）の躍り食いを紹介しているが、戦後になって、車エビをおがくずに入れて運ぶという方法が開発され、活魚流通が可能となってはじめてこのような食べ方が現れた。エビの場合には、活け作りで十分においしく食べられる条件があった。逆に、このような食べ方が一般常識としての鮮度信仰に拍車をかけたといえるかもしれない。

一般に、魚は、温度条件やおかれた状態、例えば、酢にひたす・塩をふる・しょうゆに漬ける・昆布締めにするなどによって熟成の時間は変化する。魚種に合わせてこのような加工を行い、ちょうど食べ頃の状態にして、それを握るのが寿司屋の技術である。寿司屋の技術は料理としてみると、物理的な握りのわざよりも、このような熟成の調整によって食べ頃を魚種ごとに作り出していく調理のノウハウがより決定的である。

活け作りと魚食文化の衰え

このように考えるならば、活け作りという料理は、新鮮な素材を熟成させずにわざわざまずく食べていることになる。鮮度の高すぎる状態ではその魚の持つうまみが十分に出てこない。それを無理に鮮度を誇るためにぴくぴく動いているところを見せて食べさせようというのはむしろ悪趣味だと思えるが、それでも活け作りはかなりの人気料理になっている。このことは、消費者が鮮度を手がかりにして味を判断している傾向がいまだ残存しているためで、鮮度さえ高ければおいしいはずという思い込みに依存しているといってよい。

活け作りのショー的要素を隠して、活け作りの刺身と、熟成させた刺身を食べ比べれば、ほとんどの人が熟成させた刺身をおいしいというだろう。目で見える鮮度情報、つまり、魚がまだ動いているという情報の下で食べなければ活け作りをおいしいと感じることはない。おいしいという人は、視覚情報が味覚に優越し、それに価格が拍車をかけている。高いからおいしいに違いないという思い込みである。

活け作りが生まれたのは高度成長期後半の博多であるとされている。博多の町で実感することは魚の鮮度の高さである。福岡市の中央卸売市場の鮮魚市場は博多湾に面しており、裏が岸壁になっている。要するに博多漁港と鮮魚市場が一体になっている。長崎や佐賀の漁船も所属港に水揚げせずに、博多港に水揚げする。所属の港にあげるよりも、消費市場である博多に出荷した方が高く売れるためである。しかも、大半の漁船が生け簀を持っており、相当の比率の魚が活魚のまま港に運ばれる。季節や漁種・漁法によって異なるが、半数量以上が活魚のままの水揚げである。

この意味では、福岡・博多の魚は日本で一番鮮度が高いといってよい。一般的な鮮魚流通は、漁船の母港に水揚げし、生産地市場でセリが行われる。セリに参加するのは中卸業者で、中卸は地元の小売店向けのものを除き、消費地市場に向けてトラックで魚を輸送する。消費地での卸売市場でもう一度セリにかけられ、消費地市場の中卸が小売店に販売することで、一般消費者への流れができあがる。

この流通過程を省略しているために、福岡の卸売市場は鮮度が高い。さらに、入荷の半数以上が活魚であるということになると、鮮度はこれ以上はないという水準になる。しかも、玄界灘だけではなく、瀬戸内海側の佐賀関、あるいは、黄海、有明海まで広い範囲の魚を集めている。福岡の魚が評判になって当然である。

それでは福岡の魚が日本で一番おいしいかというと、そうともいえない。福岡の魚食文化は発達しているようで、実は鮮度が高いことによる制約を受けている。それは、圧倒的な生食志向である。とにかく魚は刺身で食べることが当然であり、それ以外の食べ方は評価されない。魚種も刺身で食べておいしい魚が高級魚であり、煮炊きする魚はさほど評価されない。しかも、刺身についても、鮮度が高いために熟成が必要となる。

このような条件の博多で、料理店はどうすれば採算がとれるか。食材が豊富で鮮度が高く、しかも、相当の素材であっても原価はそれほど高くない。鮮度の見極めが料理店経営にとって必須の条件であるような地域は多いが、博多ではすべてにわたって鮮度は高い。例えば、学生食堂でアジフライになるアジも、サラリーマンが勤務帰りにいっぱい呑む小料理店のアジのたたきも同じ鮮度のアジを使っている。多くの地域では刺身用の魚とフライ用の魚は区分して売っており、それぞれに値段が違うが、博多はそうではない。どのアジも鮮度が高く、刺身にできることが当然とされ、事実刺身で食べられる。

このようなところで、高級感を出すためにはどうすればよいか。高度成長期の後半になると、福岡は単身赴任の大企業サラリーマンが増加した。彼らが、社用族を構成し、金額にそれほど頓着しない接待用の料理が要求された。この条件の中で活け作りが考えられたのである。それは、鮮度を誇るために味を犠牲にした料理である。しかし、それが接待の際には十分なもてなしをしているという表示になる。料理店の側では、付加価値を高め、食材に十分な原価をかけていると感じさせて、金額を引き上げることができる。

料飲店経営の上では客単価を高める意味で十分に理解できるが、それが決しておいしくない料理であるところに問題が残る。十分に熟成されない刺身の味が浸透していき、それが普通になると、次第にその地域全体で刺身の熟成期間が短くなる。丁寧に熟成させて、管理しなければならないという態度が失われる。寿司屋を除いて、博多の料理店は刺身に関しては熟成が不十分になってきた。逆に十分熟成させた味の方が次第に忘れられていく。

家庭で熟成を考えることはこれまでもなく、活け締めの技術を持っている料理店でなければ熟成については考えない。家庭では、小売店で刺身を買って、家庭内で切り分けるか、あるいは丸体・丸物と呼ばれるそのままの一本を買ってきて家庭内でさばくことになる。どちらにしても、絞めたときからどれだけの時間がたっているかについて管理することは困難であり、今晩のうちに食べきるといった程度の管理しかできない。福岡の主婦は丸体の魚をさばく技術を持っている比率は他の都市に比べ、かなり高い。けれども現実には、魚屋で三枚におろしてもらうか、あるいは、さく（ブロック）にさばいてもらうことが普通である。

ここでさくの形で売られている点は、福岡の魚食文化の水準が高いことを示している。福岡では、百貨店でもスーパーでも、大半の刺身がさくで販売されている。刺身として、一切れずつ切り離した形で売ることは少ない。これはもちろん、一切れずつになれば表面積が大きくなり、早く酸化してしまう、つまり、傷みが早いことによる。食べる直前に、よく切れる包丁で、一切れずつ切り分けるのがおいしい食べ方であるが、それが隅々にまで浸透している。関西では、特に京都では、できあいの刺身はすべて切り離されており、消費者はそれを食べればよいというところまでの状態で売られている。刺身についての評価基準も異なり、鮮度が高いとしてもそれほどの鮮度を求めることができない京都では、ことさらに鮮度保持についての要請はしないと考えてよい。あるいは、鮮度保持そのものについての知識がないといってよいかもしれない。

この点では福岡の魚食文化は、生で食べること、生魚のおいしさについての知識や経験を持っているといってよい。けれども、その段階でストップし、熟成することによってうまみが増すことまで家庭内には行き届かない。家庭で困難であるならば、外食がおいしい刺身の基準を示す必要があるのに、それが活け作りによって混乱し、いい加減になってしまった。

現在、福岡在住の人が、壱岐にいって民宿で刺身を食べ、「さすがに壱岐の魚はおいしい」といって感激することがしばしばだが、実は壱岐の魚は壱岐の漁船が漁をして、漁獲した魚を福岡の漁港に直行して水揚げし、民宿に頼まれたり、自分の家で消費するために取りのけた魚だけを壱岐の島に持って帰ったものである。鮮度からいえば、福岡市内の小売店で買う魚と同じか、あるいは、より鮮度は落ちるはずである。それにもかかわらず、おいしいと感激するのは、実は熟成の仕方がちゃんとまだそれぞれの料理人によって技術として保持されているからである。

鮮度信仰が行きすぎると、活け作りのような料理が生み出されることになる。料理店の経営としては理解できても、本来、外食店が食文化をリードするという役割を果たすべき領域で不健全な方向に向かったといってよいだろう。

この福岡の魚に見られるように、消費者の品質を見極める能力はそれほど高くはないといってよい。現実に、冷凍技術が次第に進んできたために、目で見ただけでは冷凍を解凍した魚か、あるいは、鮮魚かを見極めることが難しくなってきている。さらにいえば、イカなど魚種によっては、冷凍も鮮魚も見た目も味もほとんど変わらない。消費者にとっては冷凍か否かよりも、安全でしかも、おいしければそれで十分であり、区分すること自体が不要になりつつある。

結局のところ、消費者にとっては魚の鮮度を見極め、それをどのように調理するかの知識は専門小売店である鮮魚店がもっとも確実な情報源である。その魚がどのように扱われて、そこまで来ているのか、それをどのように評価し、調理すればよいか、それについて教えてくれるのは対面販売でなければ困難であるだろう。対面販売を捨ててしまったセルフサービスの店ではごく限定された情報しかないことは明らかである。鮮度以外の魚のおいしさを表示するような簡便な情報縮約の目印が、活け作りの魚たちの断末魔の痙攣であり、それを見て鮮度が証明されたとして納得して食べているわけである。

このような状態は、消費のさまざまな側面に現れている。集約された記号を手がかりとして、消費者は商品選択を行う。この種の情報集約がなければ、消費者は膨大な知識と情報を必要とし、それを商品表示に求めなければならない。しかし、その情報集約が必要で十分であるのかについては、その商品、あるいは消費のあり方と関連して、さまざまな問題が出てくる。例えば、青果の場合には、かつては栄養素の判断が必要であったが、現在ではむしろ安全性の表示が求められている。消費者がこれからも消費情報の縮約を求め、ブランドや有機栽培などの安全表示によって簡略に判断しようとする傾向は続くだろう。

パノプティコンによる情報の縮約に加えて、このような記号による情報縮約が消費者の商品選択をサポートする。さもなければわれわれは生活に必要とされる商品情報の収集だけで相当の労力を使い、それに圧倒されるような状況になっていることに気付くべきだろう。なにも苦労せずに商品情報を入手しているように思っていても、それは実は非常に大きな情報の集約化プロセスが前提になっている。

11・農水産物のブランド化の意味

なんのための規格化か

　ここで、パノプティコン状況にある大規模小売店、つまり、近代的流通の問題点を考えておこう。パノプティコンを実現した情報縮約の装置としての近代流通は消費者にとって非常に効率的な情報装置となっていることを指摘した。他方で、このような形態が可能となるためには徹底した規格化が必要とされる。

　規格化は流通における効率を上げることが第一の目的であり、すべて同じサイズ、同じ重量にそろえることによって選択肢を単純化している。規格化が大半の商品において行われた結果、現在では同じ商品を繰り返し作ることがほとんどで、一品ごとに異なる物しかできないような商品は数少ない。むしろ、一品しかできない物は芸術品として珍重されている。

商品が規格化されることは、流通にとって、それぞれの検品を省くことが可能になることであり、効率化につながる。一品ごとに商品を判定して、それの価格を決定することは不要となり、すべて企画に合格した商品であることを信頼して、店頭に並べるだけで十分になる。規格化によって物流も標準化され、合理的に運搬することが可能となる。規格化は流通にとっても効率化にきわめて有効であった。

ところが、本来標準化が困難な商品まで無理に規格化を行ったために不健全になっている商品がある。生鮮食品である。生鮮食品をプラスティック・トレーに入れて、規格化し、大きさと重量をそろえることで簡便に扱えるような工夫がなされた。このプロセスはさまざまなノウハウを必要とし、それを開発することでさらに効率化が図られてきた。例えば、袋詰めやトレーに複数の野菜を入れることで一パック当たりの重量をそろえるというノウハウもそれである。複数のキュウリが一袋にまとめられ、あるいは、魚の切り身が同じ重量に切りそろえられてトレーに入れられている。

他方で、ミンチなどは一〇〇グラムとか三〇〇グラムといったようにきりのいい量にそろえるのではなく、相当にばらつきがあって、家族の人数や料理のメニューによって使い分けできるようにしてある。この方が消費者が買いやすいというのも、セルフサービス店の経験から生まれたノウハウだろう。レジでのバーコード読み取りが普通になったために、量のばらつきからくる金額のばらつきがレジの打ち間違いをもたらすことはなくなり、その結果、ミンチやコマ肉の量はさまざまにして、消費者が選択しやすくする方向にそろえられる。

このような規格化のためには技術的な開発が必要であり、機械化による省力がなければとても困難なケースもある。例えば、ピーマン五つが一袋に入り、そのピーマンの合計を二百グラムとすると、それを人間が計測して袋詰めするのでは手間がかかりすぎコストがきわめて高くなる。この状況にどのように対処するのか。

京都にあるはかりの専門メーカーを訪れた際に見せられた機械にうなってしまった。イシダというこのメーカーは、古くからはかりの専業であったが、はかりを作る技術を展開している途上で、流通における秤量という問題が新しい展開を見せていることを想定し、新製品を作り出した。イシダの最新鋭の機械は、いくつかの企業と共同開発した機械で、はかりの技術と自動機械（ロボット）技術を組み合わせたものであった。

例えば、ピーマンを五個で二百グラムになる袋詰めを作ろうとする。上部のホッパーからピーマンが落ちてきて、一個ずつ二十ちかくあるトレーに入る。これを組み合わせて五個で二百グラムの最適の組み合わせをコンピュータが計算する。誤差を例えば、三グラムといったように設定すると、それにもっとも適合する組み合わせを計算して、該当するトレーを開けて、下の袋に落とし込む。この工程を組み合わせて、設定された通りの規格品を無人で作り出していく。実に合理的に計算された機械で、同社でもベストセラーの一つであるという。

この機械は汎用で、ピーマンでも人参でも組み合わせることは可能であるが、一番最初はポテトチップスの袋詰めのために開発されたそうである。ある量のポテトチップスを袋詰めして、一定量にするために、ホッパーから直接落とし込むのではなく、正確にある量の範囲内、誤差を見越して、わずかの違いに量をそろえるために開発された機械が原型であるそうだ。

しかし、ポテトチップスに関していえば、すでに、製法そのものが変化している。これまでは、ジャガイモを薄くスライスして、それを揚げていた。機械でスライスしたとしても、一枚ごとの量はそれほど均一にはならない。それを揚げたものを一定量の袋詰めにするのに、人間が測って袋詰めをしたのではとうてい採算に合わないので、それを機械化するためにこの機械が開発された。ところが、現在のポテトチップスは、ジャガイモをゆでてつぶし、それを成型して一枚ずつ同じ形にプレスしてから揚げる。すべてのチップは同じ形で同じ量になる。このためにかつてのポテトチップスは袋に入れなければならなかったが、現在では積み重ねて筒の中に入れることができる。

同じ量のポテトチップは、袋詰めの場合と、筒に整形されて入れるのでは、はるかに筒の方がかさばらず、物流にとって都合がよい。効率や合理化という意味ではマッシュポテトを整形して、油で揚げた方がはるかに合理的である。しかし、それはポテトチップスなのだろうか。

昔のポテトチップスは、厚みが不均等で、厚い部分はふくらみ、薄い部分はかりかりに揚がっていたが、そのような食感は現在のポテトチップスにはない。マッシュポテトにして成形すれば、どれも同じ味になり、その中に香料や調味料を入れることによって変化を持たすことも可能になる。また、保存料や酸化防止剤を入れることも可能で、商品特性としては非常に好ましくなる。しかし、それでポテトチップスなのだろうか。

スライスして揚げたポテトチップスを袋詰めにするときに、酸化防止のために、袋の中に窒素ガスを充塡する。直射日光に当たらないように袋は色を付ける。できれば素材はアルミ箔にする方がよい。このようなノウハウを必要とせず、パッケージのための資源量を減らすことができると考えると、紙筒に入った成形ポテトチップスを受け入れなければならないのだろうか。

規格化のための“はかり”
(㈱イシダ提供)

規格化がメーカーや流通の都合によって進行する状況は消費者にとって最終的に利益になるのか。流通が合理化され、コストが低下することによって消費者は安価に商品を入手できる。しかし、商品がコストを低下させるために変形され、あるいは変質するとすると、それはすべて合理的といえるだろうか。

産地ブランドの成功例「松阪牛」

生鮮食品の規格化はブランドと連動している。これに関する以下の議論は、一次産品（農水産物）のブランドについて研究している熊本学園大学、波積真理との討論に基づいており（彼女は博士学位論文『一次産品のブランド理論の本質』白桃書房、二〇〇二を執筆中）筆者のオリジナルだけではないことをことわっておく。

農産物のブランドの成立に、大規模小売店の成立が大きくかかわっていることは事実だろう。ブランドは規格化と差別化の中で成立していることは明らかであり、そのためには大規模小売店が必須の要件であった。産地ブランドが成立し、その産地で生産された商品が消費者に高く評価されるというプロセスの中で差異化が図られてきた。

農産物ブランドがなぜ成立したかは、多くの場合、産地間競争による。また、このような産地間競争が起きるのは、日本に固有なことではないが、他国に比べ、より激しいように思える。江戸時代からすでに、それぞれの産品についての評判が立ち、いわゆる「本場物」という評価がなされていた。醸造製品である日本酒やしょうゆの場合はそれぞれに技術蓄積がなされて、産地の差異が明確になり、ブランドとして機能するようになった。

江戸時代初期の奈良の日本酒（奈良諸白）や和歌山のしょうゆ（湯浅しょうゆ）などは技術的に他の産地を圧倒し、その影響を受けた関西の他の産地に波及し、池田や灘・伏見などの日本酒産地の集積、しょうゆの場合には龍野などへの技術移転を見ることになる。このような酒やしょうゆが関西から関東に船で運ばれ、「下りもの」と呼ばれることになる。これに対し江戸幕府は、関西の産品が流入して、関東から金が流出することを嫌って、関東で酒やしょうゆの代替生産を促進しようとした。今の言葉でいう輸入代替を図ったわけである。

しょうゆでは、野田のしょうゆが代替生産に成功し、品質の劣らない製品を製造することができるようになった。しかし、日本酒の場合には明治になるまで「下り酒」が珍重され、代替生産に成功していない。この場合には、水の問題もあるだろうが、基本的には杜氏の技術の移転がなかったことが大きな理由であるだろう。

農産物については、品種のレベルで違いがあれば、それがそのままブランド化することは理解できる。実際、現在でもいくつかの農産物ブランドは品種として固定されている。例えば、鶏肉では秋田の「比内鶏」や「名古屋コーチン」は品種として遺伝的に固定されている。このようなケースは、産地がそのままブランドになっている。

他方で、もっとも早く成立した農産物ブランドである「松阪牛」の場合には、品種としての松阪牛は存在しない。松阪牛は独自の肥育方法によって作られる。まず、穀物肥育が要素となる。牛は通常草を食べるが、これを穀物に変えることによって、脂肪分の多い、「さし」と呼ばれる肉の中に脂肪が入り込んだ状態を、作り出すことができる。さらに、食欲増進のためにビールを飲ませたり、あるいは、飼料にノウハウを蓄積して肉質を上げている。

牛そのものは和牛の子牛を買ってくるので、品種としての松阪牛がいるわけではない。最近では、良質の肉を確実に得るために、優良牛の遺伝子を確保し、それによって遺伝的にも改良を図っている。しかし、基本的には肥育方法が松阪牛を作っている。このために、松阪で一定期間以上を肥育した牛に対してだけ「松阪牛」というブランドを付けることが許される。

産地間競争が激化してくると、産地独自のブランドを付与することが競争にとって重要なポイントであるように思われるようになった。単にブランドを付けることだけでは競争上の優位が確保されないが、他の産地がブランドを導入すると競争上、自分のところもブランドを付けなければならないように思えてくるようだ。ブランドがあることで消費者に対するアピールが可能となるとされ、各地で導入が図られた。

ブランドは消費者に対する品質保証としての意味を持つが、生鮮品は流通過程で品質が変化する。鮮度が落ちて品質が劣化していくために、生産者の品質保証も限度があり、工業製品のような品質保持は難しい。それにもかかわらず農水産物にブランドを導入することが次々になされていった。

セレブレティ・ブランド「関サバ」「京野菜」

さらに、ここで重要なことは、多くの一次産品のブランドが、一般消費者に対してナショナル・ブランドとしての流通を考えたものであるよりも、むしろセレブレティ・グッズとしてのブランドを志向している点である。一般消費者を対象としたナショナルブランドは、例えば「有田みかん」や「広島かき」のような大量ブランドとして成立する。これに対して、「松坂牛」などは希少性を売り物として高級料亭などを対象とするセレブレティ・ブランドである。後者は品種名としての固定化の段階から、その産地独自のブランドとして、高級化を図る、すなわち高級食材として他と隔絶した特性を持つ農水産物としてブランドを考えるという方向で設定されていることが多い。

セレブレティ・ブランドの代表が、関アジ・関サバである。佐賀関漁協によるブランド設定は非常に大きな成功を収め、関のブランドは全国的に知られているばかりではなく、同じサバ・アジでも、他の数倍の価格差を設定することができている。このような成功の要因はどのようなものだろうか。

一次産品といっても、青果と精肉・水産物ではそれぞれにブランド化の可能性は大きく異なっている。野菜や果物は品種がブランド化するケースが多い。独自の地方種がそのままブランドとして成立する。野菜によっては、地方種が種子のレベルでの差異だけではなく、栽培法や土壌などの影響を受けて、その地方独自の品種となるためである。

「京野菜」というブランドが考えられている。京野菜は最近になって自治体が推進しているブランドであるが、それ以前にすでに日常的に用いられている。京都は野菜の品種が豊富で、それぞれ料理に適合するような品種が開発されている。例えば、大根については、煮るための桂大根・聖護院大根、漬物用の日野菜、わさびの代用となる鷹が峰辛味大根があり、漬け物にするすぐきも大根の一種である。現在、京野菜として京都府の認定を受けているのは、九条葱・水菜・壬生菜・鹿ヶ谷南瓜《かぼちゃ》・伏見唐辛子・万願寺唐辛子・賀茂ナス・堀川ゴボウなど一七種が選定されている。

京料理は本来野菜料理であると考えるとわかりやすい。わずかに産出するタンパク質のうまみを野菜に移して食べることを基本としている。このため、だしの技術と野菜の品種がさまざまに工夫されている。薄味であることも当然で、わずかのだしの味を消さないために強い味付けをしないのである。

さらに、京都はかなり急勾配の坂を含み、地形も複雑で、このために土壌や日当たりなどさまざまな条件が異なっている。京都近郊の農業は、それぞれの条件に適合した野菜を発達させてきた。もちろん、その野菜を評価する消費者の存在がなければ、それを受け止めて、さらに発展させることはできない。料理法がそのような野菜を必要とし、さらに改良していくことで多様な品種を作り出したといってよい。

例えば、万願寺唐辛子などは、唐辛子の辛みを全く抜いてしまっている。ピーマンも辛みを抜いた唐辛子であるが、ピーマンとは全く異なる和風の素材として万願寺唐辛子は独自の品種になっている。同じく、伏見唐辛子は、万願寺唐辛子とは食味の違う品種であるが、これはさらに改良されて、シシトウとなっている。万願寺唐辛子の方は、時折先祖返りをして、強烈に辛みのあるものが混じっている。おそらく、土壌の加減で辛みを生み出すのだろう。このような微妙な品種が京野菜を構成している。

京野菜がブランドであってもなくてもそれほど大きな違いはない。食味がかなり異なるために、知っている人は指名して買うことになる。賀茂ナスの田楽は、形や大きさはベイナスに似ていても、味は全く異なる。高級素材としての賀茂ナスは料理店では特注して買っているが、京都府が認定する京野菜ブランドは、プロの料飲店ではなく、一般消費者に向けたものである。もちろん、農業振興を図る自治体としては、京都で作られた野菜を強調するために京野菜のブランドを用いるわけだが、消費者は個別の品種に反応してきた。京野菜としてまとめることでどのような効果が出るかは、今後見ていく必要がある。

京野菜とされているものの実体はというと、産地は必ずしも京都近郊だけではない。紫ずきんと名付けられた枝豆がある。本来は、丹波黒と呼ばれる黒大豆の枝豆であるが、丹波黒の主産地は京都府よりもむしろ兵庫県の山間部である。京野菜と呼ぶことは難しいのだが、枝豆専用の品種を開発して、それを売り出すために、京野菜ブランドを活用しようとしているのである。もともと、黒大豆の枝豆は、おいしいことは知られていたが、収量が少なく、また、季節的に枝豆の最需要期である盛夏には間に合わず、秋近くなってようやく収穫できるものだった。このためにビールのつまみとしての枝豆には使えない。それを枝豆専用の黒大豆としての品種を確定し、「京野菜」ブランドの名で売り出そうというわけである。

このケースに見られるように、同じブランドでも複数の野菜をまとめてブランド化しようとする場合に、それぞれの品種ごとに事情は異なる。伝統的な京野菜は、それ自体としてすでに料理の世界でよく知られており、料亭での高級素材として扱われている。家庭用の新用途開発をするのでなければ、さほどブランド化の必要はない。けれども、新興の品種や家庭でも用いやすい品種はブランドによって販売促進を図ることが必要である。自治体が主導するブランドの場合には、自治体の農業振興としての目的があり、地域性を持つことが条件である。このため、京都府が主産地である品種だけが京野菜の認定を受ける。伝統的京野菜であっても他府県に生産が移っているものは認定されていない。

伝統的京野菜そのものはセレブレティを持っている品種が多い。料亭の特殊な調理法によってそのうまみを引き出される品種であり、家庭では利用困難なことが少なくない。このようなブランドは、品種レベルでの差異化がすでに確立している。

他方で品種によらないブランドとして、「紀州みかん」や「伊予みかん」「有田みかん」などの温州みかんがある。これは栽培適地で大量に作られていることがブランドの要件となっているが、さほど品質保証の意味はない。果物の場合には、品質保証はブランドよりも地元の出荷時における検品によることが多く、大きさや糖度によって等級が分けられており、それが消費者の判断基準となる。ことさらに産地ブランドが情報を追加するわけではない。結果として大産地がブランドのようにとらえられることがあっても、ブランドとして機能してはいない。

品種だけでは十分な差異化ができず、また、生産者の側からは、品種が他産地に移転されると競合することになり、品種自体を独占できる条件はほとんどない。しかし、商品としてみた場合に、ブランドによって差別化することは、消費者にアピールできる有効な方法と考えられてきた。栽培技術が移転しにくく、品種もそれほどなかった時代では、産地による品質差も大きかったと思われる。生産者が農協を単位として、産地ブランドを形成していったのはこのような条件による。現在では、個別の農家を単位としてブランド化される条件が整っているように思える。

12・農水産物ブランドを作る

セレブレティ・ブランドを作る

　ブランドによって消費者が商品選択を行うためには、最低限の品質が保証されていることが条件になる。「松阪牛」は産地の生産組合が肥育日数を基準として松阪ブランドを示すためにシールを用意する。同様に、「夕張メロン」も夕張産であることや大きさ、糖度を条件にブランドを証明するシールを貼り付ける。このような明確な品質保証がなされてブランドが成立する。けれどもシールを貼りさえすれば、ブランドというわけではない。

　「関アジ・関サバ」の佐賀関漁協は、所属する漁船が漁獲したサバとアジを全量買い取り、生け簀に入れている。その中から選び出して、これを「関アジ・関サバ」として出荷する。徹底した品質管理が行われているわけである。

さらにここで注意しなければならないのは、サバの場合には漁法は一本釣りであるという点である。漁法が問題になるのは、水産物の場合、釣り魚と網魚ではまったく品質が異なるためである。網で大量に捕った魚は、見た目は鮮度が高くても、網のなかでつぶれてしまい、魚体は相当に傷む。サバのような大きさの魚の場合には、釣りで獲るのはずいぶん効率が悪い。ところが、釣ったサバは鮮度保持にも耐えるし、調理しても魚体の傷みはなく、食味は明らかに違う。鮮度の問題ではなく漁法によって大きく品質が異なるのだが、見た目では漁法の違いまではわからない。小売店の説明を聞かなければ、釣りサバと網で獲ったサバの値段の違いがなぜあるのか理解できない。

実際、北九州市小倉の旦過市場では、釣りサバと表示してあり、値段が倍以上のサバを売っている。消費者が釣りサバがどのようなもので、どれくらい値打ちがあるかを知っていることが前提となるが、その区分が知られているところでは、「関サバ」の表示よりも「釣りサバ」の表示の方が昔からの品質表示として意味がある。

漁法の違いまで明確に表示するほど、北部九州ではサバに対する評価の基準が細かいというよりも、それだけサバの評価が厳しく、また、それだけの値打ちを消費者が認め、つまり、サバを味わい分けることが食文化の伝統としてあるために、この区分がなされる。漁法による評価基準を持たない地方の消費者は、「関アジ・関サバ」というブランドに反応し、それがどのような漁法で獲られたものであるかについては関心を持たない。

水産物のブランドは、それを他と差別化することは非常に困難である。見た目でわかるほどの違いを作り出すためには、品種として固定化するのが有力な方法であるが、栽培漁業であっても、品種の違いまで作り出すことは非常に困難で、魚を水槽で飼育するような管理を必要とする。けれども水槽で飼育する養殖漁業では、とても採算がとれない。まして、天然物で差別化を作り出そうとすると、品種での差異を作ることは困難である。

このために、成功している水産物ブランドを他の地域の生産者が見ると、単に、名前を付けて宣伝することでブランドが成立しているかのように見える。本来、佐賀関で獲れるサバも、玄界灘で獲れるサバも、あるいは壱岐・対馬のサバも、品種に違いはない。

福岡県の水産物付加価値向上委員会の委員長を引き受け、福岡県の水産関係者と議論していた際にも、ブランド化の話がでた。やはり、気の利いたネーミングさえすれば高く売れると考えている漁協関係者は多い。佐賀関漁協がブランド化のためにどれほどの投資をしているかについて情報を集めることを提言した。まず、全量買い取りのために原資が必要である。漁協に所属するすべての船から、活サバを全量買い取ってしまう。それぞれの漁船がそれぞれの基準で出荷するのではなく、漁協単位でまとめてブランドにするためには同一の基準での出荷が必要となる。

次いで、買ってきたサバをすべて入れることのできる生け簀が必要とされる。サバの魚槽は泳ぎ回る魚であるためにかなりの広さを必要とする。大量の場合を想定して、最大規模のものを作る必要がある。しかも、活魚のままで出荷する部分と、漁協で絞めて出荷する部分を仕分けして、活魚運送ができるような設備（例えば、海水汲み上げ装置や海水の維持のための酸素供給設備など）を持たなければならない。出荷に至るまでにかなりの設備投資を必要とする。

このように考えると、ソフトとしてのブランドを維持するためのハード投資が相当に大きく、しかも、それを事業化した場合のリスクをどのように考えていくかといった判断が必要となる。漁協の事業としてブランドの導入を図ることは相当に大きな決断であることがわかる。それに耐えるだけの資金投入と、地味な努力が必要とされる。

このようにして作り出されたブランドは、一般消費者を対象とするよりも、むしろ高級素材として、きわめて価値のあるセレブレティとしての性格を持つことが理解される。大量生産による品質管理の下で成立するブランドに対して、少量生産により、限定された顧客に対して販売され、きわめて付加価値が高い商品として作り出されるセレブレティ・ブランドを対比させるならば、大量生産ブランドとは別の、セレブレティ・ブランドなりの投資と品質管理が必要とされる。

関アジ・関サバの場合には、見た目にそれとわかるような特徴があるわけではない。一般に名前が知られるまでには時間と金をかけた販売促進の努力を必要とする。相当に膨大な努力が必要であっただろうと思われる。京野菜もどちらかといえばセレブレティ・ブランドを目指しているといってよい。

周年供給の危険性

他方で、セレブレティ・ブランドではなく、大量生産ブランドを志向し、他産地と競争上の優位を作り出そうとするものも多い。野菜でブランドを目指す場合の大半は大量生産ブランドである。いってみれば、たかが野菜である。どれほど上質のものであっても、たかがしれているといえなくもない。ところが、現在テレビの料理番組でこのようなセレブレティに相当する野菜が取り上げられるようになり、それまで少量で品質基準がないままに出荷され、ごく一部にしか知られていなかった野菜に引き合いが来るようになっている。一般家庭の需要を満たすまでの量は確保できず、いきおい幻の野菜にならざるを得ない。

そうなると、逆にディスマーケティングの状態になり、いやが上にも付加価値が高まるという状態になる。特定の農家が作る特定の野菜がその状態になることは決して望ましいことではない。産地や品種、さらに、栽培法などを積み重ねてはじめて優良な野菜ができるのに、記号のみが先行する形で商品の評判だけが高まる。消費者にそれを判断する能力がないままに、記号による評価だけが先行する。この状態が長く持続するとは思えない。結果としては、ブームが去れば忘れられてしまうだろう。

大量生産ブランドの側にも問題は多い。ブランドを維持するために、周年・安定供給が要求されることが多いが、周年供給が本当に必要であるのかという点も、考えてみる必要がある。キュウリやトマトが周年供給を当然とするようになり、小学校の家庭科の調理実習で、一月にサラダというメニューが設定され、それにトマトとキュウリが使われているという記述が魚柄仁之助（『うおつか流食生活かくめい』講談社、一九九八）によってなされている。小学校の先生が真冬にキュウリやトマトを使うということが不自然であることに気付かないのだろうかと魚柄は怒る。たしかに、不自然なのだが、それを指摘されるまで気付かない人の方が多いのではないかと思える。

周年で入手できるためには、ずいぶん無理な栽培を行っていることはいうまでもない。本来夏野菜であるものを周年で確保するためには、フィルムで覆ったハウス栽培だけでは不十分で、恒常的な施設としての温室を作り、その中で加温して栽培することが必要になる。石油を燃やして太陽光を遮り、野菜を栽培するために、非常な手間と費用がかかり、不自然な農業になる。さらに、同一植物を周年で栽培することが多いために、土壌がすぐにウィルスなどに汚染され、その対策として耐病性の強い近縁種に接ぎ木するといったことが必要になる。キュウリやメロンはかぼちゃに接ぎ木し、ナスは平ナスに接ぐ。

周年供給ばかりではなく、安定的に一定量以上を供給することは自然な農業ではない。多くの葉菜では同じ土地で同一種の栽培を繰り返すと連作障害（いや地）を引き起こす。二年三年と繰り返して栽培していると、徐々に小さくしか育たなくなり、最後にはまったく育たなくなる。この理由は、微量成分の不足にあるのか、あるいは同一種を排除するための阻害物質を出すのか、いずれの場合もあり得るのだが、個人規模の畑であれば、作物を変えていって、連作障害に陥らないよう輪作していく。今年はレタスを植えたから、次の年にはトウモロコシを植え、次の年はトマトといった具合である。

ところが、大規模な産地化を目指し、ブランドを形成すると、二、三年に一度栽培し、出荷するということは許されない。代表的なケースが「長野の高原野菜」である。アスパラガスやレタスなど連作障害のきつい品種をブランド化したために、毎年栽培を続けるためには、輪作だけでは間に合わず、山土を買ってきて現在の土と入れ替えるという客土を行わなければならない。無駄というよりもむしろ、不自然さに驚くべきだろう。そこまでしてブランドを維持しなければならないのだろうか。ブランドの主体が農協を単位とし、農水省の産地指定を受けて補助金をもらうために毎年の供給を要請される。大量生産ブランドが産地間競争に有効であるのか再考の必要はあるだろう。

消費者は野菜の品種に対して反応することは少なく、ブランドに対してより強く反応する。消費者にとっての記号化としては、品種による記号はあまりに複雑で、商品選択の手がかりに、さまざまな知識を必要とする。消費者運動は、その水準まで消費者を教育することを目指す場合が多いが、それがどの程度成功しているかについてはかなり否定的にならざるを得ない。消費者は極端に知識量の多い少数と、ほとんど知識を持たず、ブランドや有機栽培表示などの記号化された手がかりに反応する大多数に分化していく。

賢い消費者を作ることが消費者運動の大きな目的であることは理解できるが、一般消費者がそれほどの知識を持たずに望ましい商品選択ができる方向への誘導も、運動のかなり大きな部分を占めている。しかし、このときに、交換の概念を経済交換だけで考えていたのでは、危険な方向に誘導してしまう可能性も否定できない。安定供給も、そのような誘導の一つであり、ある時点では良質の品物が確保できているとしても、安定供給を求めて、恒常的な供給を要請していくと、どの季節でも同じ品質の商品を大量に確保することは容易でなくなる。ブランドや表示によって記号化した品質保証が要求されても、それに対応することは困難である。

かつては、日本各地の産地から少しずつ異なる季節に入荷されることによって、入荷は平準化されてきた。品種としても早生と晩生を開発することで、端境期をできるだけ短くしようとする努力が積み重ねられてきた。それが産地ブランドによって品質保証された同一産地の野菜によって代替されると、非常に無理な栽培が行われることになる。適地適作という状況が崩れ、それぞれの地域で周年栽培が要請されることになる。この状態で、果たして品質が維持できるのだろうか。

産地の形成そのものが適地適作を反映して設定されたはずだが、現在では特定作物に特化して周年栽培を行うようになっている。ブランドを維持するために周年栽培から、客土までが必要とされるのは、常にそのブランドを付けた商品が店頭に並べられている必要があるためであるとされている。本当にそうなのだろうか。すでに見たセレブレティ・ブランドの場合には、常時販売されていないことがプレステージとなり、ディスマーケティングの効果を発揮して購買関心をあおることになる。ブランドが忘れられない程度に提供されるならばそれで十分ではないか。

大規模流通の問題点

おそらく、この点は、大規模小売店の側の都合が大きい。大規模小売店は、量としてのまとまりがなければ仕入れない。安定的に入荷しない商品を管理し、それを販売して、利益を上げることは効率の観点からは難しく、このために安定的に供給される商品を中心とした商品構成がなされる。つまり、大規模小売店は安定的に売れる商品を優先する。

大分で一村一品運動が行われたとき、村ごとにさまざまな農産加工品の開発が行われた。その中で実際に商品化されたものはわずかであった。商品化が行われなかった最大の理由は、それが量的にまとまらないというものである。食べてみておいしいものが多くあったが、季節的に、あるいは、数量としてのまとまりがないために、百貨店やスーパーなどが商品としての取り扱いを行わないという結論を出してきた。多くの製品は、漁村で大量に魚が獲れたときに保存のために作るものであったり、あるいは、年によって収量が大幅に異なる山菜などを材料にしていた。このため、自家用に作る場合には適当でも、大量販売に耐えるだけの量を確保することは困難であり、結果としては商品化が見送られた。

このような経緯で地域の産品が商品にならないというケースは多く存在する。しかし、量が確保できないために商品化が困難であるというのは、流通チャネルとしての大規模小売店を想定した場合であり、最低限のロットでの販売が見込めるようなルートに対して製品を流すことを考えたならば、条件はかなり異なってくる。家庭で大量に作ったので、周囲の家にお裾分けをするという感覚の延長上に、朝市で自分の作った漬け物を売る。この場合であれば、大量に作ること、恒常的に供給すること、周年で供給することは必要ではない。

大規模小売店が商品を安定的に、周年供給することを要求するとしても、それは大規模小売店の都合である。もちろん、大規模小売店が商品構成をどのようにするかを考えるならば、近代流通における効率を考えずに商品を扱うことはできず、わずかの数量しかなくて安定供給されない商品では難しい。さらに、産業育成という自治体の立場からは、一定規模の産業にならないような小規模生産は育成の対象とならない。けれども、小規模な商品生産が大規模流通で見捨てられるとしても、その商品自体が無効、無用というわけではない。

大規模流通は規格化・標準化を推し進めるために、あるロットにまとまらないものを商品として切り捨ててきた。さらに、規格化を推し進めるために商品を規格の中に閉じ込めようとしてきた。三本のキュウリがトレーの上にのせられるためには、まっすぐなキュウリでなければならない。まがったキュウリをトレーにのせることは難しく、大規模流通はまがっていないキュウリを要求する。

さらに、規格品として重量や大きさのそろったレタスが要求される。たくさん取れるレタスのうちで、同じ大きさのものを集めるだけでは足りず、大きなレタスの皮をむいて規格をそろえることで需要に応える。レタスは生食用の野菜だが、最初の大きさから、規格をそろえるために何枚かの葉をむいて、規格に合わせて出荷される。このレタスが、商店の店頭では、きれいに見せるために上の葉をむき、並べられる。ファミリーレストランがそれを買ったとすると、レタスは見栄えのための、料理を置く台として用いられる。結局レタスは食べ残され、捨てられてしまう。最終的には生産したレタスのうちで実際に食べられている部分は、当初の六割程度ではないかと山下惣一(『この大いなる残飯よ!』家の光協会、一九九八)は推計する。

最初に農家で育ったレタスのうちで、いかに捨てられる部分が多いかについて農民の山下は怒る。レタスだけではなく、葉菜はすべて小さくすることで規格をそろえられる。これは、スーパーの店頭に積み上げられた野菜のどれをとっても同じ大きさで、どれを買っても同じ値段であることに対応している。もっとも、消費者にとって、多少の大きさの違い、重量の違いはそれほど大きな問題ではない。目で確認できて、大きさに変わりがなければ、鮮度の違いを確かめて買うという選択基準となる。

この点も、ある種のパノプティコンの病理である。売り場に積み上げられたレタスのどれを選択してもよいという状況は、それがどれも同じではないとしても選択の自由が与えられていることを意味する。しかし、一個一個のレタスについての情報、重量や産地、生産者名などは与えられていない。その中で選択を行うという状況は、果たして自由な選択であるのだろうか。

「どれを選んでも同じですよ」というメッセージが込められた大量のレタスの中から一個を選ぶ。しかし、その一個は自分が食べるレタスであり、それだけにその一個は他のレタスとは違う意味がある。多くの中で選択すべき情報が与えられる商品と、その商品の中だけでの選択は全く違う構造になっており、一覧展望の中で自由な選択が可能であるように見えても、その選択はある枠組みの中でしか行われない。そこでは、商品についての克明な知識が与えられているのではないが、選択を行う際に比較が可能なことで、すべてを知り尽くしているかのような思い込みが生じる。

情報が過多であるならば、個別の情報はほとんど機能しない。情報処理能力を超えた情報は情報として意味をなさない。そのような状態を作り出すこともまたパノプティコンにおいて可能である。規格化は情報レベルでの均質を作り出す。現実には、外から十枚の葉をむいて規格に合わせたレタスと、ちょうど規格通りの大きさに育ち、葉をむいていないレタスは等質ではない。しかし、視覚情報のレベルでそろえてしまえば均質・等価として扱うことができる。この均質性が等価交換にかかる。どのレタスも等価であり、交換されるべき価値は等しいとされる。

言い換えれば、消費にとっては等価でなくとも、購入にとっては等価であるようにマーケットは整えられる。経済的交換では、商品選択＝購入を行い、代金を払った時点で交換は完結する。パノプティコンは、選択の自由度を最大限可能とするように、また、選択の時点で交換が完結するように作られている。

閉店間際の大規模店舗に、レタスやキュウリが依然としてパノプティコンが成立するように大量に並べられているのは不自然ではないだろうか。かつてのバザールでは、閉店間際にはほとんど商品が残っておらず、売り尽くすことが商店の目的だった。大量の売り残しが出ることは店にとっても恥ずかしいこととされていた。それだけの商品を持ち越して、翌日鮮度の落ちた商品を販売することを意味しているからである。

それが大型店のパノプティコンでは、開店から閉店まで商品量は維持され、常に豊富な中から選択するようになっている。大晦日の閉店間際でもない限り、売り尽くそうとはされないかのように見える。いくら保鮮の技術が進歩しているとしても、鮮度が落ちた商品を次の日も売っているということを露骨に見せられている気がするが、それ以上にパノプティコンの状態、多くの中から自由な選択ができる状態を維持することが優先されている。

このときに選択を容易にできるための情報の整理がブランドであり、安全性の表示である。記号化され、選択の際に処理しやすく提供されているために、消費者はそれに頼らなければ選択が不可能になっている。情報装置が機能しなければ、消費者の選択はパニックに陥る可能性がある。例えば、特定ブランドの商品が食中毒を引き起こし、安全に問題があるという事態に対して、消費者はとまどいと怒りで反応し、代替製品についての有効な情報を求める。自分で情報を収集して事態に対処することはほとんどない。

情報を縮約する際に専門家が基準を決定して、その基準にそって一定の保証が成立するわけである。このような保証がなされるならば、消費者はそれほど多くの情報や判断基準を持たなくても商品選択が可能となる。消費者の情報処理負担は非常に小さくて、良質な商品が選択可能となる。

しかし、そのことはある種の規格化であり、消費者の固有の判断を失わせる。自分の舌でおいしい、まずいを判断するのではなく、記号に影響されて、その記号の範囲で受容を決定する。情報がある形式に整えられ、消費者はその記号にそって商品選択を行うという状況が成立している。そして、もちろん、この形態は効率的である。効率に向けてほぼ完成に近づいている。しかし、それは、消費者の情報構造を大きく変容させている。

現在、商品情報はメーカーから消費者に流されている。流通は商品情報を売り場でのPOP(point of purchase)広告などを通して伝達する機能だけで、消費者に直接に商品情報を提供することはしなくなっている。対面販売の場合には、消費者に対して商品情報を提供するのは流通の役割であったが、それが失われてきている。

この状態になると商品情報には偏りが出る。メーカーが大企業でない場合には大量宣伝がなされず、十分な商品情報は提供されない。当然、小企業の製品はほとんど知られないままになる。ところが、マスコミがその製品を取り上げることによって突如大量に情報が流れると、いっぺんに流行の対象となり、商品が払底する。生産と流通が少量で均衡がとれていた状態から、大量に情報が流れることで需要が急に増え、それに見合う生産ができないために、製品の品質が低下するという例はよく見かける。

　まして、簡単には生産量が増やせない農水産物の場合は大量情報によって需給バランスが崩されると動きがとれない。ナショナルブランド（マスブランド）は大量生産＝大量流通＝大量宣伝の中で成立するが、その条件としての規格化は高品質の製品も排除してしまう。高品質で少量生産がなされた場合に、大量情報が流されると、それに対応することはできない。

「旬」という情報の価値

　大量生産メーカーが存在しない農水産物の場合には、商品情報を大量に流す主体がない。鯛やサワラが自らを宣伝したり、あるいは今が旬ですという情報を消費者に流さないために、流通の中で消費者への情報伝達機能が失われると、消費者はその情報を自分で獲得しなければならない。

　けれども、旬という情報も、日本の地域性を考えるならば大きく変わってきている。広域で仕入れた水産物では本来の旬はわかりにくい。魚の旬とは要するに魚がその地方の海岸に近付いたときであると福岡の鮮魚組合の理事長であった柴戸善一さんに教えられた。なぜ海岸に近付くのかというと、多くは産卵のためである。産卵は酸素が十分に行きわたる波打ち際で行われ、卵からふ化したばかりの幼生は浅い海で育つ。産卵にそなえて、親魚は体内に脂肪を蓄える。このために人間にとっては食べ頃になる。

このように考えると、回遊魚の場合には日本の各地で少しずつ季節が異なる。産卵以外の理由で海岸に近付くこともある。鰹は春と秋の二回、太平洋海岸に近付く。春に黒潮に乗って、南方から日本に近付き、東北の沖合で夏を過ごす。秋になると、再び、南に帰っていく。春のうちは、まだ脂がのらず、さっぱりした味で、これが初鰹である。秋に南に帰る鰹を「戻り鰹」といい、これは十分に脂がのっている。むしろ、脂が強く、それを落とす技術として「たたき」という料理法が開発された。初夏の初鰹は刺身がおいしく、たたきで食べる必要はない。戻り鰹の刺身は脂が強すぎる。それぞれに合わせた料理が存在する。

実は、初鰹という言葉は初夏と戻り鰹のそれぞれに対して使われたらしい。「初物評判記」(一七七六)では夏の初鰹が初物の中で最高の「極上上吉」とされているが、上々吉の中に秋の初鰹が入っている(福田浩『大江戸料理帖』新潮社、一九九九)。戻り鰹についても、初物が存在して当然だが、次第に初夏の鰹しか初鰹といわなくなってきた。

江戸で夏の初鰹が珍重されたのは、マグロのトロがその当時は下品とされ、食べられなかったのと同様で、脂ののった刺身はあまり好まれなかったことを反映している。しかし、それはおそらくその当時の江戸前料理が、かなりの量の砂糖と醤油を使った、こってりした味付けであったために、さっぱりした刺身の方が好まれたためだろう。八百善をはじめとする江戸の料亭料理はかなりしつこい味であったらしい。現在では、明治以降に進出した関西の味付けに影響されて、料亭料理は関西のうす味に取って代わった（江原恵『江戸料理史・考』河出書房、一九八六）。高度成長期以前では、東京で「関西割烹」という看板を見かけることもかなりあったというが、今や江戸前の味付けはほとんどなくなっている。

鰹の春と秋のそれぞれを旬といっているが、前述のように春の初鰹は産卵とはほど遠い、脂ののらない時期である。それでも、回遊して浜に近寄るため、この時期が旬とされ、産卵と関係なく、うまい魚としての評価を得ている。

この種の旬の情報を体系的に理解するような教育を行うか、あるいは、単に店頭に安く並べるか、それとも、ブランドを付けるか。いずれの情報伝達が有効なのだろうか。旬の魚をその季節に大量に消費者へ売ることは流通業者も消費者も利益になるはずである。ところが、流通にとっては、季節感と関係のない売り方をする方が効率的である。

それというのも、現在では浜で魚の近付くのを待っているのではなく、船でどこまでも追いかけていく。それが冷凍になってしまうと、鰹がどの状態であるのかわからなくなり、旬はほとんど関係なくなる。それでも旬という表示をするのは、青葉の季節の鰹ぐらいである。それが旬とは関係のない、山口素堂の句「目に青葉　やまほととぎす　初鰹」によるものであることは皮肉である。

初鰹のたたきとして売っている鰹が、沖合で獲れた冷凍物であるということになると、たたきがよいか、刺身がよいかといった議論はどこかに行ってしまう。おいしく食べるために、料理法を選ぶということも消える。記号化された鰹＝たたきとしてしか消費者は反応しなくなる。サンマも冷凍で通年売られるようになると、季節感のある魚はほとんどなくなる。フグやアユなどの高級魚以外には季節感はなくなってしまう。

情報を消費者にどのように提示してよいか流通も悩んでいる。今や大規模小売店は、商品情報をメーカーから受け取り、それを消費者に伝達するだけという存在になっている。近代以前の流通のように商品の品質を評価し、その判定が価格として表示されるという状態にはない。すべて同じ品質の商品を大量にメーカーが作り、それが他のメーカーの製品とは異なることを大量宣伝によって消費者に伝達するというプロセスの中に組み込まれている。

大規模小売店が自主的な情報提供を行うことは、生鮮食品など大量生産型以外の商品には適合的であっても、大量生産・大量宣伝という情報の流れが作り込まれているものには、かなり困難になっている。対面販売からセルフサービスに移行したときに、複数のメーカーの商品を比較してどちらかを推奨するという流通の判断は出さず、消費者の選択に任せることになった。商品のディスプレイで、流通が売りたい商品、推奨する商品をより目立つように並べるという以外の情報提示はなされない。ディスプレイにしても、利益率が高いから売りたいのか、その商品を推奨しているから売りたいのか、その理由を消費者は判断しなければならない。つまり、消費者は、パノプティコンの中で、流通がどの商品を売りたいと思っているか見きわめ、その理由を推測しなければならない。この点では、消費者と流通が新たなゲームを行うことになる。消費者は、その商品が目玉商品であり、利益率を犠牲にしても、集客のために価格を下げているのか、あるいは、在庫を圧縮するために売ろうとしているのか、などの判断を行うことになる。消費者が自分に有利な商品か、あるいは、流通が不要品を押し付けようとしているのかを読んで、商品選択を行うゲームである。このような相手の動機を読むことがパノプティコンで行われるわけだがパノプティコンが情報の一覧展望によって、合理的な判断が下せる装置になっているとは限らない。

一方で、情報の装置としてのパノプティコンにかかわらず、ブランドは機能する。ブランドが品質を保証し、それに対応する価格形成がなされることで、消費者の評価が可能となる。特定ブランドがバーゲンセールやアウトレットなどで安く販売されているということが情報の評価の枠組みとなり、それによって商品選択が行われる。この場合は、流通がどのような商品政策上の理由で安く販売しているかを気にせずに商品の購入がなされる。ブランドを付けることによる情報評価の効果は大きい。

農産物のブランドもパノプティコンの中では工業製品と同様に機能する。しかし、それが安定的に供給され、規格化されるためには前述のように大きな無理がある。農水産物では、消費者はなぜ特定ブランドが高いのか、あるいは安いのかについての知識なしに選択の場に立たされることが多い。農産物にもブランドを付けようとする要請は理解できるが、しかし、それに頼ることによる危うさ、もろさは否めない。

III

流れの再検討

これからの流通を具体的に考えるために、過度の大規模化によって失われた小売りの特質を回復するための方策を考える。流通を再び人間の行為としていくために、どのようなことが可能であろうか。

社会全体の効率と資源循環のための工夫は、これまでいろいろなされてきた。例えば、市場の中での再加工や過剰品質の排除であり、対面販売という形である。それらを新しい形で復活することが市場の逆襲につながる。

13・商品の廃棄と市場《いちば》内加工

流通が商品企画をしてきた時代

流通の効率化は、大きな循環の中の一部分の最適化である。部分の最適化は常に全体を最適化するとは限らない。流通を合理化することが流通過程の課題であるとされたのは、流通を暗黒の大陸と理解した時代の産物である。たしかに日本の高度成長期以前の流通は、非常に複雑で入り組んでいた。そのために、流通過程を合理化し、効率を上げなければならないとされ、大規模小売店を育成し、卸売を省略することが必要であると論じられていた。

しかし、現在の時点で考えると、流通過程を効率化することだけですべてが解決するわけではなく、生産から流通を経て、家庭内で利用され、廃棄されるまでの一連の〝ものの流れ〟そのものの効率化が必要であり、流通過程だけの最適化は場合によってはむしろ、全体を非効率にすることがある。

かつて非効率に見える流通過程が必要とされたのは、流通過程が複雑に入り組んでいることによる金融の流れが必要とされたためである。それは、小規模生産の状況では、生産から実際に販売されるまでのタイムラグをどのように金融するかの問題が生じるためである。盆と正月の二回払いで、その間は「掛け払い」で通用するといった支払いのシステムが許されている場合には、決済まで現金の必要はないが、原料の仕入れや職人の賃金まですべて掛けで許されることは少ない。この間の金融をつなぐのが流通の役割であり、そのために、流通過程での在庫などの危険負担も可能となる。

さらに、重要なのは、小規模生産の場合には、流通が消費者の情報を持っていて、商品設計を行っていた点である。流通が商品のプロデュースを行い、生産者は流通の発注した製品を作ることが普通であった。

現在でも、アパレルなどでは流通が商品企画を行い、デザイナーを持つことが少なくない。実際の製造は、小規模な縫製業者が下請けとして行い、デザイナーのデザインにしたがって、衣料を製造する。オンワードやレナウンなどのアパレル企業は、自分では生産をしていないために、統計上は商業として登録されている。もちろん、このような企業が自社工場を持って生産を始めるとメーカーとして分類されることになるが、多くのアパレル企業は、下請けの縫製メーカーに発注している。

このような下請けのシステムは、多品種少量生産の場合には非効率ではない。大規模生産を行うほどのロットがまとまらない衣料の場合には、販売が見込める程度の数量しか同じ製品は作らない。衣類の場合には、色やサイズのバリエーションを考える必要があり、全く同じ製品を作るとしても、数十から数百程度しか数はまとまらない。このような場合には大工場で生産するメリットはほとんどなく、小回りの利く小企業が生産しても効率は変わらない。さらに、細かなデザインや売れ筋の変化という状況に対応するためには、機械化するよりも、労働集約的に生産する方が対応しやすい。

一般に衣類はサイズの問題があるので、製造過程を自動化することは難しい。よほど大量に同じものが作られなければ、裁断ロボットなどによる縫製の自動化は採算に合わない。

この意味ではファッション製品は、大企業が扱うには売り上げ規模が小さく、素材である紡績や合織などの段階までは大企業が担当するが、それ以降の染色や縫製の段階は中小企業が行う。さらに、現在では織布についても大量生産で行うことが少なくなり、どの素材をどのように織るかについても大規模にはできなくなった。ファッション性が高くなるほど、個性を要求され、それに対応する製造過程は規模が小さくなってくる。

日本の衣類生産は、伝統的に流通が商品企画を行ってきた。西陣などでは問屋が商品についての企画を行い、絹糸を仕入れて、それを染色に出し、機屋でそれを布にして、反物にするという過程を経る。問屋制家内工業と呼ばれる形態であるが、基本的には商品企画とデザイン、それに金融を問屋が受け持ち、それぞれに分業した小規模な下請け職人に出す。それの金融もまとめて面倒を見ることで、生産をプロデュースする。流通が規格・危険負担・金融を担当し、職人はただ作ることに専念すればよい。

このような形態が古いわけではなく、現在でもさまざまな業種に見られる。例えば、自動車産業の場合は、自動車会社が生産するのはエンジンと車体程度であり、大半の部品は外注される。この場合に、最終製品の企画を行うのは自動車会社であり、その企画に即した部品が調達される。自動車に限らず、多くの組み立て産業では部品外注という形態を取る。つまり、実質的な生産者は下請けの部品メーカーであり、アッセンブリー・メーカー（組立メーカー）の基本的な機能は製品のプロデュースにある。

この形態は、問屋が中心になって製品をプロデュースする形態と機能的には等しい。中核になる問屋に相当するのがアッセンブリー・メーカーである。部品メーカーは分業体制を組み、それぞれの担当部分を製品企画にしたがって生産し、その製品をプロデューサー＝アッセンブラーに引き渡して製品が完成する。

アメリカのアッセンブリー産業が、あくまでも部品を外部調達する形態を持ち、部品メーカーに対して競争受注させるのに対して、日本のメーカーは系列化を進め、子飼いとして下請けに出す。形態は類似していても、日本の場合には、問屋制の延長上に発生した形態であると考えてよい。

流通が主導する商品設計は、流通がもっとも多くの消費者情報を持つ状況では非常に適合的であった。前述のように大規模流通以前の段階では、さまざまな手工業製品は、一品ずつ評価しなければならず、その評価が可能なほどに製品が集積するのは流通、それも卸売であった。そこでの評価がその社会でもっとも信頼できる基準になっていた。商品企画も流通が主導して行い、その社会の需要を満たしていた。現在のように、メーカーが消費をリードすべきか、それとも、消費者の欲求が優先されるべきかの対立は存在せず、両者を仲介する流通が情報と製品を流していた。両者を仲介するためには時間がかかり、消費者がほしいと思ったような製品が実現するためには、その消費者ではなく、その子供の世代までかかるといった状況であっただろう。しかし、時間はかかっても、消費者と生産者の間を仲介して必要な製品を調達することは可能であった。もちろん、注文生産を基本としているために、生産者は安心して生産できるという事情があったが、それでも直接の接触が困難な時代に、流通がそれをカバーしていたことは明らかである。

マス・マーケティングが売れ残りを作る

流通が主導する形での生産は、大量生産によって覆されたと考えてよい。製品が標準化され、品質が安定するようになって、流通の機能は製品企画ではなく、物流にシフトした。製品設計をするのは、大量生産を行いやすいように考慮するメーカーであり、消費者は商品を購入するか否かという形でメーカーにフィードバック情報を流す。大量生産商品は消費者の集団に対して生産され、個々の消費者は問題とされない。つまり、消費者は消費者集団として扱われ、個別の消費者は集団の一員として匿名の存在となる。

製品が規格化され、標準化されているために、消費者集団の大多数に対応するような商品だけが製造される。どうしてもそれでは対応できないような製品、例えば、衣類におけるサイズのような場合には、少量生産を行うしかなく、大量生産は適合的でない。多くの製品は、大量生産を行うものの、消費者集団を類型化して、その類型に即した範囲で多様性を持たせ、商品選択を可能にしている。

このような消費者をいくつかの集団に層化して、それぞれの集団に適合するような商品を提供するのがマス・マーケティングであった。特に、この層化が消費者の属性、例えば、年齢や所得、学歴などによってなされる場合には、その特定された消費者集団に対して、それぞれの集団属性によるメディアを選択し、そこにメッセージを送ることで効率的な情報提供が行われると考えられた。高齢の男性で所得が高い集団であれば、それに対応する雑誌に広告を出す。専業主婦であれば、昼の時間帯のテレビ番組を提供する。このようなマーケット・ターゲットを絞り込んで商品設計を行う。これが現在の商品情報の基本的な流れを生み出す。個別の消費者の注文を聞いて、個別に生産するのは非常な贅沢になっている。

流通がかつて行っていた商品企画は、現在ではメーカーに引き継がれたことになるが、それが大きく変質していることも明らかだろう。個別の消費者ではなく、消費者集団に対応するために、個別の消費者の欲求は一般化され、集団属性に解消された。けれども消費そのものは最終的には個人的なものであり、集団としての特性は個人の生活の中でそれほど意味を持つものではない。

さらに、流通は商品企画の機能を持たなくなって以降、ひたすら効率化につとめることが経営の基本であるとされてきた。消費者への情報伝達を最小限にとどめ、物流機能を高度に発達させることが流通の近代化とされたのである。流通にとって、最大の課題は商品構成の作り込みであり、売れる物をいかに多く置くか、逆に、売れ筋ではない商品（死に筋商品）をいかに排除するかというマーチャンダイジングに力を注ぐ。つまり流通がいったん商品選択をすれば、その後の情報提供はメーカーに依存することになる。

このような役割分担が果たして社会全体の効率化を促進したといえるのか。通常は、流通が大量販売を行い、効率化を促進したことは望ましいこととされている。確かに、機能分担としては、メーカーが作ることに徹底し、流通は販売することに専門化することで効率的になったように見える。

しかし、標準化され、規格化されて消費者集団に対して適合的であるように設計されていたとしても、その商品が必ずしもメーカーの思い通りに売れていくとは限らない。大量に生産して、大量に売れ残る可能性が高くなっているのが現在の社会である。それは、日本を中心として考えるならば、明らかに豊かになっていることが基本的な要因である。もはや、家庭内には大量の製品がストックされ、かつてのように商品の絶対数が不足しているために、売り尽くせる状況にはない。商品が満ちあふれ、補修されることなく捨てられることが普通に行われている。

例えば、衣類のリペア（補修）やリフォーム（再生）といった技術は家庭から失われ、家庭の中にはそのための器具すらない。ミシンのメーカーは倒産し、編み機のメーカーは転業する。家庭では、手間をかけてまでつくろったり、サイズを直すことはなされない。

現在、衣料の場合に、果たして生産したうちの、どの程度が実際に着られているのだろうか。サイズや色などをある程度見込んで生産しても、実際に販売されるのはそのうちの一部に過ぎないだろう。売れ残って、ディスカウントセールに回される。最初から、バーゲンセールを待って買う顧客も少なくないが、そこでも売れ残るとどうなるのだろうか。途上国では、日本の古着が出回っているのを見かけるが、それは、大半がゴミとして捨てられたものの再利用である。価格の付くものを買ってきたのでは採算がとれないということだろう。たとえ、デッドストックになりかけていても、それに価格が付いていれば、途上国では高価にすぎることになるかもしれない。一方で、デッドストックを持たないことが有効な経営となっているという企業も少なくない。

京都のイタリヤードというアパレル企業は、女性服を専門とするが、女性服でも、実は流行に即して毎年変化するデザインは全体のうちでそれほど多くないことに目を付けた。同社は全製品のうちの三分の一程度は毎年同じデザインの定番商品として設定し、三分の一は、毎年変化させるその年だけのデザインであり、さらに残りが定番商品になるかの試行中で、手直しを行っている商品であるという。要するに標準的な商品の比率を高めることによってコストを引き下げようとするわけだが、このようなことが経営にとって大きな利益向上の方策になるということは、他のアパレル企業がいかに毎年異なるデザインを製造しているかということを物語っている。

標準化がコストダウンにとって大きな意味を持っている一方で、ファッション産業の場合の売れ筋は流行によって大きく変化し、さらにファッションは他の人と異なることが意味を持つために、規格化・標準化が困難であるわけだが、イタリヤードの場合には、婦人服といっても職業を持つ女性を想定しているだけに、それほど大きな流行の変化はない。もともと流行が変るのも、毎年異なる衣料を買わせようとするファッション産業全体の方策が存在するためである。そのイタリヤードすら売れ行きが不振で、会社更生法の申請に追い込まれている。アパレル業界の当たりはずれは大量の売れ残りを作り出す構造を生み出している。

われわれはかつて、リペアやリフォームを前提として品質を考えてきた。一着の衣服を買うとそれをつくろい、あるいは補修して、何人かが使い回すということが普通に行われていた。現在では、子供服ですら使い捨てに近く、ガレージセールや幼稚園、小学校などのバザーの機会でもなければセカンド・ユースが成立しない。ところが、品質評価の基準はリペアやリフォームに耐えられることが要請される。このために、一人だけで捨ててしまうようなTシャツの類にまで、高い品質が要求され、過剰品質となっている。

過剰品質は、粗悪品を見ることが少なくなっているために、消費者が判断がつかなくなっていることが大きな問題である。このことに気付いたアパレル企業、例えば、ユニクロは過剰品質を排除することによって安価な製品を提供し、それが消費者に受け入れられている。ユニクロについては、デザインや販売方式などについての評価が高いが、実際には、過剰品質を排除することによって、かなりコストダウンが可能であることを示したことに大きな意義があるように思える。

モノが溢れる時代の流通

衣料以外にも、食器はすでに家庭にあふれている。平均的な家庭が持っている食器の数は数百を超えるということであるが、実際に、滅多に使わない食器がほとんどで、これ以上購入する必要があるとは思えないほどに多くを持っている。陶器市に行って、どのような食器が売れているかを見ると、安売りしている商品にも流行があり、それが食生活を反映していることがわかる。

二〇〇〇年の京都の五条坂の陶器市を見に行くと、土瓶蒸し用の土瓶がかなりおいてあった。松茸の土瓶蒸しを普通の家庭で一年に何度作るだろうか。土瓶蒸しはそのための容器がなければ作れないわけではなく、ひたすら演出のための容器である。複数の店、それも、京焼(清水焼)と他府県からの出店、さらに、近辺の陶芸作家の露店のそれぞれで土瓶蒸しを見かけた。このことは、土瓶蒸しの需要がある程度あり、家庭でそれを使うケースがあることを示している。四日間の陶器市の間には売れるのだろう。

同様にいくつか見かけたのは片口である。片口は注ぎ口のついた鉢であり、本来の用途はしょうゆや酢などを樽や瓶から容器に移すための用具である。小分けするための道具であり、現在の台所で用いられるとは思えない。それが売られているのは、なぜなのか。

　何軒目かにぐい呑みとセットになった片口を見て納得した。冷酒を片口に移して食卓にだし、それをぐい呑みに移すために使う。日本酒を燗して呑むことが減り、冷酒あるいは冷や酒として呑むようになると、そのための用具が必要ということなのだろう。

　もっとも、冷酒は大半が四合瓶で、それほど時間をおかずに呑みきるというワインと同じ感覚の飲み方が多く、その場合には瓶のまま出して、銘柄を示す方が食卓の演出としては適当であるように思う。赤ワインをデキャンタに移すのはそれなりの必然があるためで、白ワインを瓶から移すことはない。それと同様に考えると、どうしても必要な容器ではなく、これも演出のための容器である。

　さらに、陶芸作家の店には食器ではなく、陶人形などが多く並べられ、中にはペットの写真から、そのペット（犬猫）の人形を作りますという作家もいた。食器離れの傾向は明らかである。陶芸作家は特定の産地の焼き物ではなく、個人経営の窯を経営しているために、他にはない独自の作風を持っている必要があるが、他方である程度売れるものを作る必要がある。生活のために確実に売れる部分がなければならない。そのために、注文で作る職人型の陶芸家よりも自由に作れるものの、確実に売れる商品を持たなければならない。

そのような作家が、オブジェのような実用性を持たない作品ばかりではなく、売るための商品も展示している。その売り物が、やはりあまり実用性が高いわけではなく、むしろ、人形や陶板などのオーナメントが多く見られた。また、カップなどでも実用性というよりも目先の変化によって売ろうとする作品が目立つ。京焼きでも同じような傾向があり、形にしても絵付けにしても、本来の伝統的な使いやすいものから、使う場面に即した食器が多くなっている。

ペット像の注文（京都五条坂の陶器市にて）

　これらの傾向はいずれも、すでに家庭の中にかなりの食器が購入されており、さらに追加して買わせるために実用性を犠牲にしてデザインを工夫していることを示している。衣類にしても、食器にしても、すでに大量に購入している上に、さらに追加して買わせるために陳腐化をねらったり、あるいは、目先を変えることによって需要を作り出そうとしている。現在の生活はそこまで豊かになってきている。

　このような社会で、流通が単に商品を陳列して、消費者の選択に任せる以外の活動がなくてよいのだろうか。

現実には消費者はそれでも日常的に購入する。日常的に購入する商品については、売れるだけの量しか仕入れないことが対策であるし、非日常的な購入（かなり大きな買い物や、正月などの年中行事、あるいは結婚などの人生のイベントなど）の場合には、それに向けたキャンペーンをする。このような流通と消費のマッチングが図られない場合には、大量のミスマッチが出て、在庫として流通の中に蓄積される。

このような在庫は、時間が経つと陳腐化する。なぜなら、商品そのものが陳腐化を目指して設計されていることがしばしばあり、また、消費者の生活様式そのものが数年のうちに変化するからである。三年も動かない商品をおいておいてそれがその後売れるとは考えられないだろう。しかし、近代以前ではそのような在庫は別段不思議ではなかった。

実際、現在でも北陸の仏壇問屋は職人に好きなように仏壇を作らせるという。仏壇は、さまざまな技巧の集大成であり、塗りや金箔、木工などさまざまな領域の職人がかかわる。仏壇の商品企画は主として問屋が行い、それを職人たちが実現していくわけだが、職人の中にも企画を行い、自分の思うような仏壇を仕上げるケースがあるという。この場合には、相当に値段の高い仏壇ができる。場合によっては家一軒に相当するほど高価なものとなるが、問屋はそれでもそれを作らせ、仕入れるという。

仏壇製造会社で聞いた話では、仏壇は展示場を広く取り、高価な仏壇を置くと、より高級な品が売れる傾向があるという。つまり、家一軒というほどの仏壇には手が出ないとしても、せめてこの程度は、といったように、最初の予算よりもやや高い目の品物を購入する。このため、仏壇販売の経営ノウハウは、できるだけ広い展示場に高級な仏壇を含めて展示することにある。そのための最高級の仏壇であるならば、それが在庫として回転しなくとも、十分にその役割を果たしていることになる。

この場合には、その仏壇が売れるまでには数年以上かかることにもなる。しかし、これはデッドストックではない。貨幣価値の変動がそれほど大きくない時代に、いったん製品として定着させておけば、それなりに在庫としての価値は存在している。現在のように、在庫期間の金利を考えて、早く処分してしまうという対応は、ものの絶対量が不足している社会では考えられなかった。流通が製品企画を担当している場合には、商品の回転についてもある程度の判断があり、長期に在庫する回転の遅い商品もそれぞれ必要とされていた。

商品企画の機能を失って、消費者に製品を流すだけの存在となると、回転率が中心的な関心になる。品揃えとして、回転が遅い商品をある程度は持つとしても、複数の代替商品の中では回転率の高い商品が優先される。回転の遅い商品は店頭から排除され、回転しない商品はアウトレットとしてバーゲンに回され、それでも売れなければ廃棄される。

保存の利かない生鮮食品では、このような回転がさらに加速される。売れ残って廃棄される部分は、流通が危険負担をしなければならない。流通にとって、デッドストックを作らず、廃棄を最小にすることが経営上の大きな問題となる。現実には、この廃棄部分が経営を圧迫し、この部分が利益計算の上で非常に重要となる。

売れ残り・廃棄を防ぐ再加工

生産地での価格があまりに安いのと、小売店の価格が非常に高いことに腹を立てた漁協が、直営店を作ることを考えた。平均して浜値の四、五倍程度の小売値は当然で、豊漁の時の安値だと十倍以上の小売価格がつく。このために、しばしば、このような直営店を経営するケースがあるが、それが本当に有効であるかについての相談を受けた福岡の調査会社が、フィージビリティ・スタディを試みた。

経営指標についてのデータを駆使して、予想される販売価格を計算すると、漁協から直接仕入れて、漁協の取り分を変えず、販売価格を低下させるという前提での計算は、わずかに二割程度の値下げしか可能でないことがわかった。逆に、漁民の手取りを最大限増やそうとすると、浜値の倍程度の額しか増えないという計算になった。それではリスクを冒して直営店を持つことはあまり意味がない。

なぜ価格を下げることができないのか、それは、固定した店を持ち、店員を雇い、借入金の金利を払うといった固定費が相当にかかることが大きな要因である。流通企業の経営における変動費は仕入値の変化によって影響を受けるが、固定費は仕入れ値と無関係にかかってくる。このために、どれほど漁協が努力して安い原価で魚を入荷したとしても、それを販売するときの価格は固定費が上乗せされるので、それほど安くはできない。

また、もう一つ大きな要因は売れ残りである。一般の商店でも、売れ残りの予測は困難だが、それ以上に漁協は売れる魚だけを直営店に並べることは難しい。どうしても売れ残りが出て、それを損金（一般管理費という費目で計上される）とすると、その分を最初から見越した価格設定が必要である。この部分が大きいために、価格はそれほど下がらない。

結局、漁協の事業として考えるならば、直営店を持たない、店員をおかない、売れ残りを出さないと行った条件が必要となる。そのような都合のよい条件を設定することができるのだろうか。それは可能である。イベント型の朝市などに自分のトラックで運び、自分たちで売る。この条件ならば、市価の半額でも十分に浜値よりも大きな手取りが出る。しかも、半額程度まで下げると、争って売れていき、売れ残りが出ることはほとんどない。

現在、多くの朝市で農産物・水産物が売られているのはこのような事情である。もっとも、朝市も開催される近辺の商店街との調整が難しく、週に一度程度の開催に押さえられており、品目も限定されることが多い。けれども、最近の朝市など、フリーマーケットの増加は著しく、この形態の流通が注目されていることは明らかである。

一般の小売店で、売れ残り・廃棄をしないためには多くの努力がなされている。その一つが、バザール内での保存可能な形態への加工である。例えば、魚を保存するためには干物や塩漬けなどに加工し、野菜は漬け物に加工する。古くからある市場に行くと、このような加工食品が非常に多くあることがわかる。

京都の錦市場は室町時代から続く市場であるが、ここでは焼き魚の専門店がある。当初は売れ残りの魚を焼き魚にしていたのだろうが、今は、最初から焼き魚に加工するために仕入れてきたものがほとんどであるようだ。けれども、鮮魚店がついでに焼き魚を売っているのではなく、焼き魚だけの専門店がある市場は錦市場しかない。

また、卵はかつてはそれだけで一つのジャンルをなす重要な食材であったが、現在では非常にありふれた食材で、どこでも売っているばかりではなく、その品質を見極めることもなくなってしまっている。価格もかつては高級食品であったものが、現在では物価の優等生といわれて、きわめて安価な食材になっている。しかし、一羽の鶏になる卵を、生まれる前の段階で食べてしまい、かつ、非常に栄養価が高いという意味では、高級な食材であったことは明らかである。このために、バザールにもかつては卵の専門店があった。

京都の錦市場には卵焼きの専門店がある。ここでは、もちろん生の卵も売っているが、だし巻きやう巻きなどの卵焼きが主力商品で、正月前には列を作ってだし巻きを買う光景が見られる。最初は卵店だったものが、その必要がなくなると、加工専門に移行したものだろう。卵焼きの専門店は錦市場以外では見当たらない。焼魚や卵焼きに特化した専門店があるのが、錦市場の特徴である。

ところで、他のバザールではかつての卵店はどのようになっているだろう。大阪の黒門市場では卵専門店はどうやら鶏肉店に変化したらしい。精肉店で鶏を扱っているばかりではなく、鶏肉の専門店が存在し、そこで卵を売っている。また、申し合わせたように合鴨を扱っている。

合鴨は京都の錦市場では、川魚店が取り扱う。これは、京都では鴨は琵琶湖から入れており、琵琶湖での鴨猟師は湖の魚を獲る漁師が兼ねている。冬に湖岸の漁師が鴨猟を行い、獲れた鴨を魚と同じ仲買に売る。このため、鴨が合鴨に代わっても、つまり、仕入先が天然鴨を獲る漁師から、合鴨養殖業者に変化しても、バザールでは同じ店が扱っている。

金沢の近江町市場では卵の専門店は消えてしまっている。卵そのものがしばらく前までは近江町市場では売っていなかった。近江町市場で聞いてみると、業務用の箱入りは、一般人が立ち入らないバザールの二階部分で売っているとのことであった。一般客用の小売りはどこにもなく、隣のスーパーマーケットまで買いに行くという。もっとも、最近行ってみると、総合食品小売りとでもいうべき店舗が卵の小売をしていた。自分の専門業種に限定していた店が、業態を変化させて取扱品目を拡大したといえる。

北九州の旦過市場では、食肉店でも、あるいは入り口の丸和でも何軒か卵を売っている。別段卵の専門店であったらしいといった形跡はない。これは、旦過市場が大正期に形成されていったバザールであり、代々続いた卵店はなかったことによるものかもしれない。

ところが同じように大正時代に成立したバザールでありながら、福岡市の柳橋連合市場にはまだ卵店が残っている。この店の商品は、M、L、LLの大きさの区分、地玉、うずらの卵という数種しかない。しかも、卵焼きはない。卵だけの専門小売店は全国でも珍しいと思うが、現在でも柳橋市場で営業している。これは、柳橋市場が一般消費者だけではなく、料理店が買い出しに来るために、卵だけを扱っていても、それで営業が成立するもののようである。

このように卵の扱いに専門性が必要なくなり、また、卵の品質評価を消費者がさほど気にしなくなったために、誰もが卵を売るようになったときに、地域によってずいぶん異なった対応がなされたことが分かる。

かつては、卵の品質評価は専門家が行うことが必要であった。卵をこわさずに品質を評価することは難しい。また、仕入れについてもかなりの知識を必要とする。現在のように産卵日が明確に記録されているわけではなく、有精卵がかなりの比率で混ざっているときには鮮度の判断が問題となる。有精卵は、細胞が生きているために鮮度は保持されている。専門家を必要とするわけである。

錦市場のような卵焼きの専門店は古いバザールの形態が残ったもので、鮮度の落ちかけた卵を加工することによって商品価値を維持しようとしたと考えてよい。貴重な食材としての卵を無駄にしないための工夫であり、消費者もそれを支持した。現在では、卵は希少性を失い、卵焼きもごちそうの座から滑り落ちているが、それでも、錦市場の卵焼き店はまだ生き延びているばかりか、かなりの活況を呈している。

このほかにも、バザール内での加工は多い。漬物店はどこのバザールにも存在するが、これも、もとは野菜の残り物を加工したものであるだろう。漬け物は加工すると利益率が高く、商売としても相当に有効であるために、漬け物の専門店が多く現れる。近江町市場では、かぶらずしと呼ばれるカブの間にブリなどの海産物を漬け込んだ漬け物があるが、これは八百屋ではなく、魚屋の副業である。主として何を廃棄せずに加工しようとしているかを考えるならば当然だろう。

金沢の近江町市場にも魚の漬け物は多い。塩漬けばかりではなく、この地域では魚のぬか漬けがある。イワシやサバのぬか漬け、また、フグの卵巣のぬか漬けという珍味もある。また、いしるという魚醤につけ込んだ保存食品など、大量に獲れたときの保存食品は非常に多様であ

魚のぬか漬けは伝統的な保存食（近江町市場）

る。これは、冬の荒天の時に海に出られないときのための食品でもある。冬の間のタンパク源となり、また、保存食でもある。市場内での加工が充実していることがバザールの活況に影響する。

バザール内での加工は流通業者の経営上の要請であるばかりではなく、副次的にではあっても資源の有効利用になる。現在の日本で廃棄されている食品がどの程度になるかについては想像を絶するばかりで、廃棄物処理を含めて、二重の負担を負うことになる。山下惣一によれば、日本の残飯の量は、総輸入食料品のおよそ三〇%になるとする推計があるという。これだけの量が食べられることなく、捨てられてしまう。鮮度が落ちたために廃棄されるだけではなく、食べ残した残飯として膨大な量が捨てられている。

食糧だけではない。衣類の場合でもシーズンが終わって売れ残り、消費者に用いられないデッドストックがいったいどの程度あるだろうか。それらがバーゲンやアウトレットに行き、さらに途上国に輸出される。それでも残ったものは最終的に廃棄されてしまう。

小規模流通の可能性

　廃棄を防止するための市場内加工を考えるときに、それが可能であるのは規模が小さいことが条件になっていることを忘れてはいけない。つまり、家族従業員で売れ残りを再加工できるくらいの量であるために採算がとれる。大量販売における大量の売れ残りを再加工しようとすると、それだけの規模の装備と人員を必要とする。売れ残るかどうかわからないのに、その準備をするぐらいならば、最初から売れるだけの商品しか仕入れないことになる。けれども、パノプティコンを維持するために売り尽くすことが許されないと、結局は廃棄を前提として仕入れるしかない。大規模小売店で可能な再加工は日付を付けなおすリパックだけということになる。

　小規模なゆえに労働力も非常に小さな追加支出で可能であり、装備は家庭にある器具を用いる程度で十分だという状態で、はじめて再加工が可能である。廃棄を防止するための再加工がこのような小規模な修正によってなされることは、大量生産に対する少量生産の大きな利点である。大量生産の結果としての大量廃棄がもたらされるならば、それを修正するのは大量再加工でなければならない。大量再加工がコストが高く、採算がとれなければ、大量生産を見直すことが必要である。大量生産を残したまま、大量廃棄を防ぐことが現在の社会にとって要求されていることであると考える必要はない。必要とされる量以上の生産がどうしても必然であり、それを捨てることでのみ社会が成立していると考えることはかなり無理があるだろう。

小規模な流通は、この意味では大量流通に対抗可能である。廃棄ではなく、再加工することによってコストをかなり引き下げることができる。しかし、小規模流通はパノプティコンという装置を持たない。これは多くの品揃えを要求し、大量流通でなければ非常に困難である。

大量の売れ残りと大量の廃棄を前提としてはいないとしても、大量流通は結果としては廃棄につながる可能性が高い。社会全体で廃棄を最小にするには、小規模流通の中で解決することが現実的である。そうなると、社会全体がどのような効率を採択するかの選択を必要とする。コストだけの判断では、現在の時点での交換としてしか判断されない。市場内再加工は売れ残り・廃棄を解決するために必要なことでありながら、大量流通の中では消え去っている。

14・商店街の復活は可能か

廃棄を防ぐための情報の流れ

ここまでの議論で、大規模流通に問題があることは明らかであろう。大量の在庫を抱え込み、最終的には廃棄にまで至る。消費者の選択肢を多様にしてはいるが、本当に消費者が要求する製品を提供することには成功していない。その瞬間で固定され、合理性が完結しているとされる交換では、社会全体を効率化することにはならない。合理的なものを複合していくことで社会全体の効率化が達成できると考えるのが、アダム・スミスの「神の見えざる手」という議論だが、それでは不十分であることが「市場の失敗」という概念で示されている。しかも、それは単に理論的に不十分であるというだけではなく、経済合理的交換だけを行うことによって深刻な状況が生み出されている。

例えば、廃棄物の問題について考えるならば、理論的には経済合理性が機能している限りにおいて、廃棄物の量は制限できない。無駄な生産、例えば、一度も消費者が袖を通すことなく廃棄される衣類、あるいは、輸入され、調理された上で廃棄される残飯といった存在が膨大になっているにもかかわらず、そのような無駄な在庫を持つことが、利益機会を捨て去ることよりも経済合理性にかなっているために、不要な生産が行われる。

日本の多くのレストランでは食べ残すことを前提とした食材が提供されている。あるいは、食事つきの旅館では客の注文を聞いてから作るのでは時間的に、あるいは経済的に間に合わない。このために、過剰な量と種類を提供し、客の好みに合わせる。事前に魚が好きか、食材で嫌いなものはないかといった好みを聞いて、それに対応しようとする旅館は、一日の客数を限定し、一泊が三万円以上の料金を取らなければ経営できないだろう。廃棄を想定して食材を仕入れるほど高価な価格設定が許されなければ、画一的な料理を出すしかない。

実はこの構造は高級料亭でも似ている。五十人の宴会料理を出そうとするとどうしても時間的制約や食材の用意が必要で、それぞれの好みの料理を出すことは不可能である。メニューを固定しておいて、それを食べさせる方がはるかに確実である。客の側も、自分で料理を注文することができるほどの知識を持っているわけではなく、お仕着せの料理を食べる方が好まれる。

フランス料理にしても、コースを頼んで、自分でチョイスをしないことがおいしいものを食べるこつであるとするガイドブックは少なくない。それは、そのレストランの料理を相当に知っていなければ、メニューの組み立てやその日の食材などの都合を聞いて自分で選択することが難しいことを意味している。中華料理でもメニューを組み立てることができ、料理を注文する人は、その日の特別なゲストでなければ、一番料理に詳しい人になる。

和食の料亭では、その日にどのような食材が入るかによって大きく変化するために、お仕着せを食べることが普通であるが、それをはずしてしまって、料亭に行って自分でメニューを組み立てろといわれると、ほとんどの客はそれだけの知識は持っていない。

このために、店の側に選択を依存することが普通になる。さらに、旅館の場合は、どのような客が来るか、事前には予想が困難であるために、最大限の量を提供することが無難で、通常の食事の二、三割り増しの量が提供され、さらに好き嫌いを想定すると、五六品以上が提供される。まず、普通の人では食べ残す量である。それでも、個々に好みを聞いてメニューを変えるよりは、均一の食材を用意すればよく、その方がコストがかからない。

廃棄を最小限にしようとすると、生産と消費のそれぞれに対して、マッチングが必要とされ、そのための情報の流れが必要になる。必要以上に作らないためには、必要量についての情報が要請され、それを個別の消費者ごとに行わなければならない。

大量生産と大量流通では、それが集団についての平均的な情報で代替され、コストで判断して、ある程度の廃棄を見込んで生産が行われてきた。しかし、それは、消費者がニーズ（必要）を持っている場合において成立した便法であって、消費者が豊かになり、必要量を確保した上で商品を購入しようとする状況になると、〝必要量〟を計量することは非常に難しくなる。多様な需要に対応し、しかもある規模の経済性を確保しようとすれば、多少の廃棄には目をつぶって、生産した方が経済合理的になる。しかし、社会のいくつもの領域でこのような経済合理的な廃棄を前提とする生産が行われるようになると、全体としての廃棄量は膨大になる。われわれは今、この状態にさしかかっているといってよい。

ものの流れの中の消費者の位置

廃棄だけではなく、現在の社会が経済的交換に大きく依存し、そのことが近代以降の社会を大きくゆがめていることが、K・ポラニーによる指摘であった。大量生産システムが実現したことによって、経済的交換がもっとも代表的な交換の様式となり、福祉についての考えも変化し、それまでの相互扶助から国家や社会による弱者の救済へと変わった。それも、弱者に対する所得の再分配が行われることで有効な需要が作り出されるとされ、経済的な理論基盤の整備が行われている。

社会が人間の集合として、人間の行為間の連結を持つものと考えられていた状態から、その機能関係の連鎖を貨幣が媒介するものと考えられるようになった状態を、ポラニーは市場制度に人間の行為が埋め込まれていると表現している。しかも、ここで機能的関係の連鎖がなされても、それがシステムの全体効率を上昇させるのではなく、むしろシステムの機能不全を招いていることを考える必要がある。

この状況から、交換概念を拡張し、交換の様式を変えていくことは必然であろう。具体的に現在の流通がどのように変化すればよいのだろうか。

交換を経済合理的交換から、循環を想定したものへと変えていくことは方策の一つである。魚柄仁之介が叙述している次のような交換を考えよう。

「約二十年ほど前のことですが、大学生の頃、スーパーに行って強烈な体験をしたとです。おばあちゃんが豆腐を手に取って、必死で日付をさがしておる。ご存じのとおり、日付っちゅうもんはできるだけ見えにくく印刷しとるようでして、目の悪いお年寄りにはわかりづらい。あたしゃ近寄って行って、

『おばあちゃん。こっちが五日までで、こっちが六日までと書いちょるんよ』

と教えたですよ。するとおばあちゃん、

『ありがとうね』ち言うて五日の豆腐をカゴに入れたです。六日まで賞味期限のあるものの方

を選ぶもんやと信じとったあたしにはよう理解できなんだ。で、きいてみた。答えはすこぶる明快。

『あたしゃ今日（四日）食べるから、五日までの豆腐が、明日売れ残ったらスーパーさんも捨てにゃならん。もったいないし、豆腐に悪い。』

言われてみりゃそうではあるが、今まで消費者としての権利意識しかもっとらんかった自分がなんやらあさましく思えたですよ。賞味期限も一つの目安ではありますが、それにとらわれるっちゅうのもあまりに主体性がないごたあります。」（魚柄仁之助『笑って死ねる安全食実践講座』講談社、一九九九）

この態度が重なれば廃棄が少なくなることはもちろんだが、このような意識を持つ交換があること自体が重要である。つまり、最初から廃棄だけを問題にするのではなく、物資の循環の中で自分がどのような位置づけにあるかを理解した交換がなされていることに注意する必要がある。本書の冒頭で、その都度の交換で完結し、交換が終わったあとのことは全く考慮しないようなあり方ではない交換も存在すると述べた。前述の例は、具体的な消費の場面でこれがどのような形態を取るかについての事例である。

自分が生産と消費の間でどのような場にいて、自分の消費の行為がその中でどう位置付けられるかを把握すること、それが、賞味期限のより近い商品を選択させている。このものの流れへの参加は経済合理的な交換様式では見られない。

あるいは、第4章で述べたように、経済合理的にふるまい、自分の利害だけを最大化することを考えるというプラクティスが当たり前になり、今やプラティークになっているといってもよい。社会システム全体を考えるためには、あらためて自分の購入する商品を社会システムの流れの中で考えるというプラクティスを取り戻さなければ、近代のプラティークに染まって無自覚に、交換の体系に無駄や無理を作ることになる。

自分の利益を最大化することが経済合理的な交換であるとしても、交換の枠組みの全体が循環し、賞味期限の短いものから購入していくことが徹底するならば、廃棄量を減少させ、結果的には自分の利益につながる。このような交換の合理性を実現することが可能であることは理屈でわかっていても、実践につながることは少ない。ある時点までは、このような交換の枠組みは自然に意識されていたが、それは失われてしまった。

通常、交換を組み替える場合に、パノプティコンやセルフサービス以前の交換の様式として、対面販売の復活を考えていることが多い。たしかに、対面販売に戻すならば、商品情報を確認し、その商品の評価を含めた人間関係を復活させることが可能である。しかし、そのことによって大量販売が困難になると、それだけコストがかかることにもなる。果たして有効な対面販売の復活は可能であるのだろうか。

流通と消費者の対話の復活

これまで述べたように、消費者は商品を単純な記号に落とし込み、その記号を手がかりに商品選択を行っている。この記号をもう一度読み解き、解説できるのは、流通の先端で商品をしっかりと見ている流通関係者である。しかも、メーカーからの情報をそのまま流すのではなく、メーカーを相対化して評価することができる。

メーカーの情報をそのまま流すだけであれば、大量宣伝による媒体と同じ情報の繰り返しである。それを相対化して評価するところに流通の情報価値がある。情報の内容が広告と同じなら、宣伝媒体がマスメディアからパーソナル・コミュニケーションに変わっただけで、実質的には同じ情報量しかない。消費者はメーカーからの情報をそのまま受容することが危険であることは経験的に知っている。

対面販売を復活させ、流通と消費者の対話を増大させることは、消費の健全化を図る上で大きな意味を持つ。消費の必然をガイドし、商品についての知識を増大させる上で、流通のアドバイスが有効であることは異論がないだろう。それが有効であるのは、それが単に情報の伝達ではなく、情報を理解する体系、つまり、インテリジェンスの伝達となっている点にある。消費者は、その商品の評価基準を知り、他方で、流通の側はなぜその商品が求められるかという消費者の側の商品需要の構造を知る。双方の理解が促進され、どのような商品が望ましいかについて互いの情報を交換する。問題は、そのような構造をどのようにすれば作り出せるかにある。

生産が非常なコストを要した時代、つまり、生産に多くの時間を費やさなければならなかった時代には、もっとも効率的な生産は、最終的な消費を想定して、無駄なく作ることであった。このために、最終消費者が生産者に対して、望ましい製品仕様を指定する、つまり、注文生産を行うことが普通であった。例えば、限定された原料を無駄なく生産に回すためには、見込み生産を行ってストックを持つことには大きなコストがかかる。最低限の商品見本があれば、それ以上にストックを持つことは無駄である。

これに対して生産が容易にできるようになると、物流や消費者の利便が優先され、多くの商品がストックされる。どのような商品が最終的に販売されるかについては、それぞれの生産者(メーカー)が自分のリスクで判断し、生産された商品が在庫される。この状態が社会全体の効率を高めているかは問題とされない。そして豊かな社会になり、商品があふれるようになった今、「必要な商品」とはどの程度の量と範囲なのかを再検討しなければならなくなってきた。

消費者の側は、多くの商品が提供されているものの、それについての十分な商品知識を持っているとは限らない。ブランドや品質表示、安全マークなど、記号を手がかりに判断している状態であることはすでに何度も述べている。この状態で、流通と消費者の対話によって相互のインテリジェンスが交換されることが望ましいことは明らかである。けれども、それをどのように作り込めるだろうか。

商店街の活性化運動として、一店逸品運動がある。これは、静岡市で「ゆとり研究所」を主宰するコンサルタント、野口智子さんが始めた運動だが、商店街が次第に量販店に追いやられ、衰退している状況での商店街からの巻き返し運動である。静岡市の呉服町商店街の活性化からスタートし、富山県高岡市、新潟県加茂市などで採用されている。

商店街の衰退と活性化事業

現在、商店街の衰退は非常に深刻で、例えば、宮崎市などは県庁所在地でありながら、目抜き通りすら空店舗が続出している。ここでは、後継者不足が主要な問題であると聞かされたが、それ以上に商店街が活力を失い、魅力的な商品を持てずにいることが問題だろう。

郊外の駐車場を備えた大規模店に人が集まり、中心の商店街には空き店舗が連なっているという状況にあるのが彦根市の商店街である。彦根はかなり深刻な状況で、市内の商店街の連なりは、半数以上が空き店舗となっている。

彦根は本来は城下町であるが、近江商人を輩出した土地で、周辺の農村から集客する商業都市としての性格が強く残っている。かつての商店街は、衣類や家具などを売る店から構成されており、商店街の中に生鮮食品はない。ややはずれに市場街と呼ばれる生鮮食品店の集積があり、明確に区分されている。つまり、いわゆる「買い回り品」を集めたのが中心街の商店街であり、「最寄り品」の食品中心の市場とは区分されている。

半数以上の店がシャッターを下ろした空店舗となり、“商業遺跡”と化した商店街（彦根）

現在では、日常的な買い物である生鮮食品を持たない商店街は、日常での集客ができずにさびれている。彦根市の場合には、郊外の大型店に買い回り品、最寄り品の区分なく人が集まり、町中の商店街が衰退している。しかも、通常は、衰退した商店街が再開発されて、大型店に入れ替わるが、彦根の場合には、横へ横へと広がり、かつての繁華街は再開発されずにそのまま残っている。このために、通りの七割ほどが空き店舗で、開店している店が数えるほどしかないという光景が広がる。いってみれば産業遺跡に相当する商業遺跡とでもいうべき光景である。もはや商店街の運命は尽きたのだろうか。

これまで述べてきたように、商店街は大規模小売店のパノプティコンという装置を持っていないために、見通しが利かず、情報効率は著しく低い。これにさらに空店舗が加わると情報効率はさらに下がり、物理的移動が苦痛となる。

これをどのように回復することができるだろうか。商店街にパノプティコンを作り出すためには、空店舗を利用して、店舗交換し、生鮮食品を中心として、同業が隣り合い、情報効率を高めることが有効だろう。しかし、どれほど衰退している商店街でも、そのような店舗交換にまで進んだケースは聞かない。もちろん、土地の所有権を含めて権利関係・利害関係は錯綜し、その調整が難しいだろう。量販店のパノプティコンに対抗するだけの情報装置を作り出すことは困難であり、この方向での商店街活性化は行われていない。

本来、商店街が形成されて、商業施設が集積すること自体が、情報集積装置であり、店舗が拡散している場合に対して、情報効率を高めるために集積がさらに進む。けれども、最高度の情報効率を目指して設計された量販店に対抗するほどの効率の達成は難しい。

可能な方策の一つとして、パノプティコンを諦め、マーケットとしての見通しを悪くして、バザール性を高める方向がある。見通しが利かず、なにを売っているか行ってみなければわからない、昨日売っていた商品が今日はなく、確実に手にはいる保証はない。そのようなバザールとしての性格を持つことは、客を引き付けるかもしれない。

もっとも、最近の商業集積は、繰り返し客を集客するために、なんらかのイベントを常に行うという方向が取られる。お台場で若者の人気を集めている商業施設の「ヴィーナス・フォート」も最初からマーケットとしての見通しではなく、見通しの利かない、なにかありげな雰囲気を演出している。雑踏を意図的に作り出し、雑然とした雰囲気の中で商品を売る。生活臭はなく、効率や見通しの必要はない。

ただし、このような買い物は、買い物自体が非日常的なもので、市の祝祭を引き継いでいる。このために、日常性を欠いた、生活としての消費と区分された消費空間が成立している。一般の商店街でこのような祝祭空間を作り出したとしても、それを毎日持続することは困難だろう。ものが不足し、消費そのものが祝祭的な色彩を帯びていた闇市のような状況でなければ、生活資材の買い物までが祝祭性を持つことは難しい。

バザールを作り込んだ商店街は、大都市にしか成立しない。このタイプの商業集積、例えば、福岡のキャナルシティ、神戸のポートアイランドなどは人工的に作り出された猥雑さの演出がなされる。日常的にイベントがあり、それが祝祭的な性格を作り出している。とても、生活に根ざした商店街がまねることのできる空間ではない。

これまでの商店街活性化事業というと、主なものはアーケードの整備やスタンプ事業であった。旧通産省所管の補助金に都道府県を窓口とした商店街の活性化事業があり、そこでの主たる事業であった。

このような事業では、アーケードが雨に濡れずに歩けるといったハードウェアの整備であり、商店街の外観を整備したり、あるいは駐車場を作るなどの事業がこれに付随する。すでにある商店街を、時代の変化に対応するように再開発しようとする事業であり、ハードウェアの基本が外観と駐車場、それに、アーケードであった。

スタンプ事業の方は、いわばソフトウェアであり、商店街スタンプを発行して、売上げの還付を行うことでリピーターを確保しようとする。スタンプの経費と維持費、現金還付かあるいは商品提供などの経費負担は、多くの場合、個店によるスタンプ購入の形態をとる。商店街の共通の利害を作ることはかなり難しいことが多い。

さらに、事業の基本的な枠組みは、通産省の中小企業対策一般にいえることだが、できるだけ協業化を進め、規模を拡大することが近代化であるという思い込みがある。現実には、中小企業の利点は規模が小さいことを生かして、小回りがきくことにある。

ところが、旧通産省の指導は、協業化を進めることに対して一律に補助金を付けてきた。中小企業が協業しても大企業に対抗することはできない。小さいことを生かしていくことこそが経営のポイントなのだが、通産政策はしばしば、経済学の応用と考えられており、個別の経営を知らない産業レベルの発想で形成される。

規模が大きくなると効率化すると考えることは、規模の経済が成立する条件でしか有効ではない。大きくなることは、設備の規模を拡大し、それだけ資本を寝かせることを意味している。さらに、採算規模を押し上げ、それだけの需要のあるものしか取り扱えない。需要そのものが少なく、生産に一定規模の経済が働かないような商品は、作る場合も売る場合も小規模のままでいった方が小回りが利き、その方が適切である場合は少なくない。

例えば、伝統産業などで需要が細分化され、小さな需要にきめ細かく対応する必要があるような産業では、大規模化を図ることはない。一見近代的な産業に見えながらも、産業の構造が小さな規模の需要からなっている場合には、大企業による生産や流通は不適当である場合が少なくない。ファッション産業などでは典型的に小さなマーケットに対応している。デザイナーズブランドは、どれほど売れたとしても、本来小さなマーケットであり、同じ服を周りの人間の大半が着ていたのではファッションの意味はない。

細かく差別化された中で個性を発揮することこそがファッションであるならば、商品アイテムは否応なく増大し、それに対応する生産も流通も規模の経済は成立させることが難しくなる。制服など、機能しか求められない場合には、大量生産や大量流通で処理できる。しかし、個性を発揮するためのファッションを求めようとすると、小規模生産・小規模流通を持つことが必要となる。大型店でのファッション販売は結局ブティックの集合として成立している。それは、規模の経済が働かないために小規模のブティックを集積させた集積効果をねらったためである。それでも集積の効果は情報効率の増大として現れ、出店する店の方でも個別の店舗を出店するよりも、集客の相乗作用が期待できる。もちろん、個別の店に、集積している中で生き残ることができる魅力がなければならない。

商店街が小規模な店舗の集積であり、現在のショッピングモールのように大規模店を核店舗として小規模店舗がそれを取り巻くという構造ではないために、パノプティコンを作り出すことができず、情報効率は低い状態にある。この状態では、情報効率以外の方向で大規模小売店に対抗することを考えねばならない。パノプティコンなしで大型店舗と対抗するには、大型店舗にない魅力を持つことが必要になる。おそらくそれは対面販売による人間的接触ということになるだろう。商店街近代化という通産省の事業にはこの方向での魅力作りは想定されていない。

対面販売の可能性と一店逸品運動

商店街が自信を持って客に対して情報提供していくことは可能であるのだろうか。現在でも特定の品目については対面販売がなされている。例えば、化粧品については美容部員が対面販売で売ることが通例である。あるとき、なぜ美容部員でなければならないのかをゼミの女性に聞いてみたことがある。これだけ大量宣伝が行きわたり、商品知識が浸透しているにもかかわらず、化粧品だけがなぜ商品知識を必要とするのか。

すると、その時々の商品についての知識だけではなく、メークアップのアドバイスを含めた知識を得ることが重要であると教えられた。これは、そのときの流行色が変わり、その使い方をどのようにするかといった一般的なものだけではなく、それぞれの個性に合わせた使い方についてのアドバイスを含んでいるという。個別の客ごとにアドバイスをし、それぞれに適した知識を提供するためには、対面販売でなければならない。

おそらく化粧品の場合には、個性と直接かかわり、しかも、単なる商品評価ではなく、その使用法が個別に異なっているために、個性化されているといってよいのだろう。女性にとってその化粧は特別な意味を持っていることに対応していると考えることができる。アドバイスの形を取ることが商品販売の一部をなしている。しかも、そのときに美容部員の商品知識が適切であり、それだけの訓練を客の側が認めていなければならない。

化粧品の場合の対面販売は、商品知識の提供だけではなく、商品使用におけるノウハウの提供と個別の客へのアドバイスであり、それが必要とされる場合には対面販売は生きてくる。衣類にしても、ファッション性が高く、アドバイスが必要な商品についてはハウスマヌカンが、個別の客の商品選択についてアドバイスを提供する。アドバイスを求められるところには、対面販売が成立する。逆に、アドバイスなしで商品を選択することが可能であれば、対面販売を省略し、コストを切り下げることが行われてきたといえる。

再度確認するならば、これまで消費者は大量宣伝の中で商品情報の提供を受け、対面販売でのアドバイスなしに商品選択ができるとされてきた。しかし、その知識は相当に脆弱なものに過ぎず、単純化されて容易に選択できるまでに仕分けがなされていなければ、実際には選択困難である。しかも、消費者にとって使用の条件は均一であるわけではなく、それぞれが多様な生活をしている中での選択であることを考えるならば、簡単な商品でもかなりの知識を必要とする場合がある。

これに対して、マーケターは類型化された生活パターンを設定することで多様な消費者に対応しようとする。「生活提案」という表現がしばしば見られるが、これは、マーケターの設定した生活類型に消費者を入れ込むことを指している。消費者は自分で生活パターンを作り出すのではなく、与えられた生活のモデルに自分を当てはめ、それに適合した商品を購入することになる。大多数の消費者は生活構造について真剣に考える機会は少なく、与えられた商品によって生活を構成していくことだけで充足している。そこで生活提案がなされると、それを受け入れ、そのパターンを構成する商品群をセットとして買い入れる。

生活提案が次第に類型としてのまとまりを持つようになると、ひとまとめにされ記号が付与される。このプロセスが商品選択での状況である。記号化されるために効率は高く、容易な商品選択が可能であるが、商品についての知識は増大するのではなく、簡略化され、単純化された形で記号として提示されているに過ぎない。

記号が付与され単純な選択によって購入される商品と、個性化の徹底した商品に分化していくという予想も可能であるだろう。しかし、両者の差異はほとんど作為的なもので、こだわり出せばどの商品も個性化の方向に行くことは可能である。たとえ、トイレットペーパーのように機能的要因だけで決定される商品ですら、こだわることは可能である。商店街の可能性に話を戻すと、この現状では、対面販売によって商店街の特性を生かしていくことは方向として有効であると思われる。前述の一店逸品運動は、商店街のそれぞれの店が自分の扱う商品の中で、この品目については絶対の自信があり、それについては十分な商品知識を持っていることを表明することから始まる。

それぞれの商店は、自分の扱い商品についての知識を持っているが、それを消費者に伝える機会が十分確保されているとはいえない。さらに、すべての取扱商品についての知識を持つことは困難で、どうしても得手不得手がある。逆にそれを表示し、得意な領域についてはどのような質問にも応じることができると言い切ることが一店逸品運動では求められる。かなりの経験を積んでいても、実際にそれを表明するとなると、自分の商品知識について再確認が必要となり、実際に言い切ることは相当に勇気がいる。

一店逸品運動は、一村一品運動と似ているように思えるが、実際にはかなりの違いがありそうだ。それは、一村一品運動が村の名物をそれぞれに作ろうとする農村の共同生産の活動を中心としているのに対して、一店逸品運動は商店街の個別の商店が消費者に対して働きかけるきっかけとして自分の商品知識を動員しようとする。商店街の店舗が魅力的な商店になるためには、大型店にない商品知識の提供が大きな意味を持つ。

一店逸品運動の中でも商品開発を行うケースは多い。自分の店で加工も行う業種では、商品知識の提供を徹底すると、自分の店で作った商品を勧めることになる。ベーカリーが自分の店のパンを新製品として商品開発し、それを消費者に勧めることによって、高度な商品情報を提供することにつながると考えてよい。さらに、一店逸品運動では、この商品開発の過程に、他の店も参加する。その商店街でだけ売られる商品の開発に他の店も協力し、意見を述べていくことによって、その商品についての知識を持つだけではなく、その商品と消費者の生活についての知識を確保することができる。

商品開発を行うことは、生産者にとっても流通にとっても生活者との関わりをどのように持つかについてのアイデアを必要とする。日常的な商品であるほど、生活の様式と関連させ、独自性を持たせるなど、商品に魅力をもたせるには様々な要因を考えなければならない。一店逸品運動でそのような経験を持つことは商品開発が困難な流通業従事者にも大きな経験となる。

どんなに技術的に優れていても、電気店の奥さんが新製品を開発することは困難である。ところが、他の店の商品開発に加わることで、自分の店の営業につながるような生活の枠組みについてアイデアを得ることは十分にある。また、商品アイデアを出していくプロセスそのものがもう一度商売を見直すきっかけになり得る。一店逸品運動はそのようなきっかけを与えることが大きな意義であり、商売を再度、理解し直すこと、情報論的に言えば、現在の知識を別のインテリジェンス、(情報処理体系)で見直すきっかけを与えている。

それと同じ機能を持つのが製造業の異業種交流会である。異業種交流も同様に別の事業者の持つ情報処理の体系を交換すること、つまり、どのように物事を見ていくかについての処理体系を交換することによって、新たな知見を得ようとする集まりである。情報を得るというよりも、情報処理がいかに行われるかという処理体系を確認し、自分の視点の硬直化を防ぐ。一村一品運動ではインテリジェンスの交換はなされない。

一店逸品運動によって商店街が活性化するのは、このような商業についての考え方そのものを再構成するきっかけが与えられた結果であり、他の店がどのような努力を行っているかを知り、それを自分に当てはめるとどのようになるか考えるといった知恵が生み出される。このプロセスが一店逸品運動を有効にしているメカニズムである。

商店街がどのように推移するかについては、個別の店舗レベルでの努力だけではなく、商業集積としての魅力をどのように設定するかを考えていくことが必要になる。

15・循環の知とは

不完全な情報の危険

　これまで、消費者の知識が実はそれほど大きなものではなく、通常は情報を縮約し、単純化することで負担を軽減する状態であることを述べてきた。このような状況に対し、消費者が不勉強であると批判したり、あるいは、メーカーの側が消費者に対して情報を出し惜しみしている、あるいは愚民化政策であると非難することは容易である。しかし、ではその状態をどのように改変するかということになると、変革が非常に困難であることも明らかだろう。単純化され記号となった情報にしか反応しなくなり、自分で判断することを停止した消費者と、売れることにのみ必死となり、その商品の健全さを評価しなくなったメーカーでは、どちらが非難されるべきかは難しい。

それでも消費者はかなり努力をしている。食品の安全に対して気を配り、できるだけ安全な食品を選択しようとする。しかし、それが単に、賞味期限だけに寄りかかっていることもある。賞味期限が一日でも先のものを選ぼうとするのはほとんど意味のない選択基準であり、安全の基準にはなっていない。実際に消費者が賞味期限の意味を十分に理解して、選択基準にしているとは考えにくい。このような例はかなり多く見られる。

むしろ、不完全な情報と生半可な知識によって選択することの方が、危険は高いかもしれない。過剰な賞味期限信仰のせいで、十分に食べられる食品が賞味期限が迫っているために売れ残る。賞味期限が切れかけているからこそ買われていかなければならないのに、家庭であれば、まず鮮度の落ちているものから料理に使うのが、まだ自分のものではない状態では、賞味期限ができるだけ先のものから買っていく。そのために、リパックし、賞味期限を操作する。消費者が賞味期限についての判断を自分でするならば、起こらないことである。もちろん、個別の消費者には責任はないかもしれないが、社会全体としては大量の無駄を生じることになる。

はるか先までを考えなければ、全体の効率や商品の流れを見通すことはできない。ときには善意の行動であっても、中途半端な知識が、社会的に不健全な事態をもたらすこともある。例えば、森林資源を守るためといって、割り箸を使わず、塗り箸を持って歩く人がいる。これなどは典型的なケースで、割り箸を使わないことが森林にとって非常に大きなダメージを与えることを知った上で割り箸を拒否しているのだろうか。単純にすべての木が森林資源の産物であると思い込んでいるのだろう。

割り箸の材料となるのは熱帯雨林で伐採されたラワンではない。ほとんどすべての割り箸は日本の杉などの間伐材である。間伐材というのは、最初に植林した苗木をある程度育ったところで間引きし、大木に育てるために伐採する木をいう。最初の植林で、鹿などの食害にあったり、あるいは、大きく育たない樹木を想定して、苗木の数は多い目に植え付ける。これを適正な数に減らすため、間伐が行われる。間伐をしなければ、密植となり、育ちが悪くなるばかりではなく、少しの風で倒木するおそれが生じる。

どうしても間伐をしなければ森として育たないが、この間伐の費用は遠い将来にならなければ戻ってこない。植林した木が育つまで、最低でも五十年は必要である。その間の森林の維持を行うためには、よほどうまく次々と木を伐採し、植林していかなければならない。この意味ではいったん破綻した森林経営は、以後の森林管理に破滅的な打撃を与えることになる。人の手が入らない森林は経済価値を失い、それ以降の森林利用が困難になる。つまり、手入れをして、下草を刈り、枝打ちをしなければ、森林は育たず、材木としても節の入った材になってしまう。

人が手入れして初めて森林は機能する。森林が育たなければ、森林による保水作用がなくなり、降った雨は急激に流れる。このために洪水が起き、表層の土が流される。表層土には、森林を育てる養分が含まれているために、表層土流出が起きるとそれを回復するためにはかなりの期間が必要になる。その間に雨が降れば、またしても表層土が流れ出す。

表層土が流されることによって森林は荒廃し、次第に禿げ山になっていく。この状況を防ぐためには、人為的に森林を維持していくことが必要になる。間伐は不可欠であり、間伐を行うための経済的基盤として間伐材の経済価値が高まらなければならない。つまり、間伐が少しでも利益を上げることが可能になることが、間伐を維持するために必要とされる。

間伐材は、現在のところほとんど使い道がない。細い木でそのままでは材木にならないし、集成材としての利用もコストがかかる。集成材は細い木を接着剤で貼り合わせて作られた板や柱で、これに間伐材を用いる研究はさかんに行われているが、まだ有効な技術は開発されていない。チップ状にした木片の貼り合わせにしても、間伐材は細い木が材料となるため、一定の大きさのチップにすることが難かしい。

全国の林産試験場が必死になって間伐材の利用を工夫しているが、まだ決め手になるものは開発されていない。ログハウスや小物の木工品など工夫はされても、それほど大きな需要にならないために、全国の植林を維持していくための間伐材利用としては、割り箸が最大のものである。その割り箸を全廃すべきと主張することは森林にとって危機的である。

割り箸の材料となる間伐材の値段が非常に安いために、割り箸は使い捨てにされているのである。間伐材の用途開発に成功して、大きな需要が成立したならば、割り箸はすぐさまプラスティックの塗り箸に代替されるだろう。あまりに安いために割り箸が成立しているのであるが、その安価な値段でもともかく間伐材に値段が付いているので、間伐の費用の一部がまかなえる。それすらも失われて間伐が困難になれば、森林は荒れ果て、その結果、地下水は枯渇し、洪水が多発し、海の魚がいなくなる。森が国土を保全し、水源を涵養し、人間の生活の中で大きな役割を果たしていることを知ることが必要である。

割り箸を使わない人は果たしてそこまで考えているのだろうか。割り箸=木材の使い捨てという発想だけで天然資源の無駄遣いであると決め付けているのではないか。

あるいは、人間が森を管理してきたこと自体が問題であるという人がいるかもしれない。なにも手を付けないというのも管理の一つの様式であるが、日本の場合には、まったく人間が関与しない自然林といえる森はもうほとんどなく、大方は人間がなんらかの形で管理を行っている。保全を完全な形で行おうとするとずいぶん手間がかかることも考える必要があるが、単に放置することが環境の保全ではない。

人間も生態系の要因

人間の存在が含まれて自然環境は存在している。人間の世界と自然環境が完全に分離されているわけではない。そのことは、次のような事例から理解される。オーストラリアの森林は、ユーカリ樹が優勢種である。先住民のアボリジニはこの森林を焼き畑にして農業を営んでいるが、焼き畑は環境に対して悪影響があるとされて、オーストラリア政府はこれを禁じた。ところが、ユーカリ樹は極めて油分が強く、枝が乾燥しているために、風で枝同士がこすれあうことで自然発火し、森林火災を招きやすい。

アボリジニの人々は先祖から受け継いだ焼き畑のノウハウを持っており、雨期が来る直前に火災が広がらない範囲で森林を焼き、焼き畑のスペースを作っていた。ところが、そのような管理の手を離れると、自然発火によって引き起こされた森林火災は膨大な面積を焼き払い、結果的には焼き畑による以上の広範な被害が起きてしまった。放置されたユーカリはある樹齢になると発火しやすくなるのだが、それを焼き畑によって管理していたことになる。

さらに最近の研究では、ユーカリ樹の発火しやすい性質は、実は他の樹木に対する攻撃として発達してきた遺伝特性であることが指摘されている。ユーカリは単に燃えやすいだけではなく、その種は熱に強く、焼跡でもっとも早く発芽する。森林の中での樹種の交代メカニズムは、老木が倒木したあとの空間に、できるだけ早く生長した樹木が、すきまに差し込んでくる日光を独占して他の樹木が生長できないようにすることで以前の樹種と交代することで行われる。このメカニズムで樹種が交代するためには、大木が倒れ、その跡を継ぐという気の長い時間が必要で、森全体の優越種が交代するためには数千年は必要である。ところが、ユーカリは自分自身が燃えてしまうことによって他の樹種を追い払い、空いた空間にできるだけ早く成長するという遺伝特性を獲得することによって、日光をめぐる争いに勝ち残り、他の種に対して優勢となる。わずかに三百年程度で森林はユーカリの優越林となる。

この特徴を持ったユーカリに対して、人間が焼き畑によってユーカリの自然発火を管理し、区分された範囲しか森林を焼かないことによって、結果的にはユーカリの侵食から他の樹種を守っている森林区画ができ上がる。人間もまた、進化の中に組み込まれ、役割を果たしているわけで、破壊と絶滅の方向にのみ活動しているわけではない。

他の生物の存在を前提として、自分の種の存続を図ろうとするケースは少なくない。芝は草丈が低く、他の雑草と混在すると日光を遮られてしまい、成長できない。通常の状況では芝はほとんど優越することはない。ところが、鹿などが草を食べる条件のときには芝は他の種の草を圧倒する。早く生えるのである。他の草よりも早く生長し、常に鹿に餌を提供する。逆に、鹿がいない場合には人間が芝刈りをして、草を刈り取らなければならない。芝は鹿の存在を前提として、自らを鹿の餌として提供することで自分を優越種とする。

さらに、芝は自らの種子を鹿に食べさせて、消化し残した種を鹿の糞に入れて、種子播布を行う。もちろん、大部分の種子は鹿の栄養となり、鹿に利益をもたらすが、不消化の種が鹿のいる場所に蒔かれることによって、芝は自分の生息領域を拡大する。鹿と芝の共進化によって、相互に都合のよい環境が生み出される。

このように、生物は他の種の存在を前提として自らの生息を図っていく。人間の関与も、その中に含めて考えることが必要であり、人間の系と自然環境は不即不離の関係にあると考えられる。因果連鎖の中で自分自身がどこに位置付けられ、どのような交換が必要であるのかについての見通しを持たなければ、交換や循環のシステムは持続できない。そのためには循環の流れ全体を見通す目が必要であり、それを獲得するためには膨大な知識を必要とする。

自然保護を、人間が全く関与しないことを意味するものであると考えるのではなく、人間の関与を含めた自然環境全体の系の中で考えることが必要である。複数の生物種の相互作用の中で物質やエネルギーが循環している状況で、人間の都合だけで考えることは許されないとしても、あらゆる現存種を保護するための保全が必要であるかは非常に難しい問題である。ある種を存続させることは、別の種の存続を危険にさらすこともあり得るためで、人間が判断基準とならざるを得ないこともある。

対馬のイノシシは人間の手によって絶滅した。島の北端から少しずつイノシシを駆除していき、駆除した区域はさくを作って、イノシシが入れないようにする。その地域を次第に拡張して、ついに島の南端にまで至ったという。数年以上かかる大変な作業であり、そうまでして、イノシシの食害を防いでいったのである。人間の食料を食べてしまうイノシシは明らかな害獣であり、人間とイノシシは闘争状態にあったといってよい。この意味ではイノシシという種を滅ぼしたことは果たして許されないことであったかという判断は難しい。

いずれにせよ、人間がすべてではないとしても人間の生存を優先すべき状況は出てくる。そのときにどの程度まで環境を犠牲にできるかという判断は、専門家でない市民にも要求されるようになるだろう。その判断のための知識も必要にされるだろう。鹿の消化器で何パーセントの芝の種が消化されるかについての知識は必要ないとしても、環境が相互作用を行うシステムであり、単純には判断できないことは知っているべきだろう。現在の時点では、割り箸を使わないことが森林を危機におとしいれることは知っていてほしい。

現在の世界では、消費者が自分の利便に関する知識を仕入れるだけでは不十分であり、必要とされる知識を獲得するために、消費者運動だけでは十分とはいえないことも明らかである。情報を取り込んでいくための手段を考える必要がある。いわば、情報の流れを設計する必要がある。それが自然な形で行われ、受け入れられるように設計するにはどうすればよいのか。これについての研究はまだほとんどなされていない。

　これまで挙げたいくつかの例は、それぞれに複数の主体が関連して、相互作用の中でそれぞれの役割を担っている状態を示している。人間がその中でどのような役割を果たしているかについて、十分な知識がなければ、その流れに関与することは難しい。生態系は、複数の種がそれぞれに資源を交換することで維持されているから、特定の種だけを最適化すると、他の種が影響を受け、生態系が崩れることで、特定の種自体も影響を受けることになる。

　このことは人間社会の中でも同様であり、貨幣経済での循環と商品の循環が相互に入り込んでいる状態に、さらに、自然環境からの資源の交換が加わっている。その循環を理解し、知として取り入れなければ循環の流れは維持できない。

16・市場《いちば》の逆襲――ネット社会の可能性

一般ユーザーとパワーユーザーの情報差

商品の流れを設計する上で最大の問題は、商品についての情報の担い手としての人間がどのように消費者とかかわるかにある。最近は電子媒体を用いること、電子情報の流れを前提とした情報設計が当然とされているが、人間を介在しない情報の流れが果たして有効な情報を提供するだろうか。これまで論じてきたのは、近代の大量流通の中で交換を効率化するために変形されてきた購入の病理である。効率追求が流通機構の最適を目的としているために、生産や生活の側の最適が図られてきていないことが問題となる。

そこに大量の情報流通手段である電子媒体を持ち込んで、情報ルートを確保するという方策が有効であるのだろうか。もちろん情報技術の発達を無視することはできないし、その必要もない。キーワードを知っていればインターネットでの検索で容易に情報が入手できる。

けれども、問題がどこにあるのか、それについてのキーワードがなにかを知らなければ情報検索は難しい。遺伝子組み換えが問題とされていれば、問題の所在がわかり、〝遺伝子組み換え〟での検索が可能になるが、単に、小麦の安全性というだけでは検索は困難である。消費者に対する啓蒙も、それが目を引かなければならないために、必要以上にセンセーショナルになる傾向があり、必要とする人に情報が流れるよりも、無限定に情報が流されることが多い。

現在、商品に対して非常に豊富な知識を持ち、生産者に対してさまざまな要求をするパワーユーザーの存在が問題とされている。パソコンやファッションなどでは消費者が自分のほしい製品の仕様をメーカーに対して要請することがあり、プロシューマーとかコンデューサーと呼ばれている。

このようなパワーユーザーは、当初はメーカーの間の発注で行われていた生産の様式が、製品のロットがだんだん小さくなるにつれて、最終消費者による直接の注文が可能となったために発生している。パワーユーザーの場合には、商品知識が最初から生産者と同等であるために、情報ギャップが存在しない。しかし、一般消費者の場合には、メーカーや流通に対して非常に大きな情報ギャップが存在するから、商品についての知識を獲得しなければならないか、あるいは、そのような知識を持たずに商品選択を行うことが不利であることを承知の上で、利便に反応することになる。

商品についての知識が非常に豊富なパワーユーザーと、それをほとんど持たず、マスコミ情報に反応する一般ユーザーの落差は拡大する一方で、その両者が同じ流通経路によって商品を入手することは難しくなっている。

情報技術の発達によって、情報流通の可能性は増大しても、それが商品のどの部分についてのどのような知識を持つべきかという点については、手がかりとなるような枠組みを提示することは難しい。健全な消費を作り出すための知識は、メーカーだけに依存していては手に入れることが困難であるが、自分でそれだけの知識を得るためには相当の時間や努力を必要とする。

ここに、小売店の機能を再度検討する余地がある。小売においては、大型小売店でのセルフサービスが当然とされるようになっているために、対面販売は旧式の非効率な形態であると考えられがちであるが、情報の機能からは見直すべきである。なんといっても消費者に直接に接触し、しかも、商品知識を豊富に持つ。消費者が基本的な知識を欠落しているような商品、例えば、鮮魚についての知識を小売店から得ることは現在でも可能である。しかし、大型小売店で対面販売がなくなると、消費者は知っている魚しか買わず、店舗の側でも消費者が知識がなくて買わないような魚種は仕入れない。このため、大型店が扱う魚種は限定され、結果としては消費者の知識不足がさらに進行する。

この状態では、消費者が知識を得るのは、鮮魚店の店頭で、料理法や扱い方のポイントを教わることがほとんど唯一の手段であることを考えるべきだろう。大型店では扱えないような魚種、例えば、関東ではアコウダイ、関西ではアイナメといった魚種があって、それぞれかなりの高級魚であるが、鮮魚店でなければなかなか扱われない。このような魚種についての知識を消費者が得ることはかなり難しく、結局は料飲店の素材だけに限定されるようになる。

対面販売の小売店の持つ情報流通の機能は実は非常に大きく、しかも、今は眠ったままの状態になっている。これを生かしていくことが今後の流通の中で大きな問題となるだろう。しかも、小売店の持つ情報は、インターネットなどで流しにくい性質のものである。例えば、鮮魚店の魚についての情報は、現物がなければ引き出しにくい。目の前にアイナメがあるから、この魚をどのように料理するか、唐揚げでも、煮付けでもおいしいといった情報が引き出せる。今の季節でうまい魚を、と問いかけて、すぐさまアイナメの名前があがることはないだろう。旬であっても、その魚種が常備されていなければ、情報としては有効ではない。

対面販売での情報流通は、前述のように消費者が情報を必要とする場面においては現在でも成立している。化粧品の対面販売や、ファッションにおけるブティック、あるいは、理容・美容などの個性と直結する場合には、販売担当者が顧客の相談に応じて情報提供を行っている。

このような領域では、どれほどマスメディアが商品についての知識を提供したとしても、消費者が自分の個性と適合させるようにマス情報を読み込む必要がある限り、対面販売が必要とされる。

それでは、流通の効率はどのように確保されるのだろうか。商品知識をメーカーや流通と同じ、あるいはそれ以上に持っているパワーユーザーに対しての商品提供と、マス情報による宣伝で情報を得て商品選択を行う一般消費者のそれぞれを最適化できるような流通のシステムが可能だろうか。一般消費者の知識を向上させるような情報の流れを作り出すことは必要だろうが、それだけが解決策なのだろうか。

消費パターンと生活パターン

現在、情報技術を用いて、ワン・トゥー・ワン・マーケティングが叫ばれている。コンピュータ能力の向上によって、いままでマスメディアで不特定多数に流されていた情報を、特定の消費者に対するアピールにしていこうとする動きである。不特定多数に対して、ダイレクトメールを流しても、商品が適合するという保証はない。独身者に子供の塾のダイレクトメールを送り付けてもなんの意味もない。このために、さまざまな機関の名簿を確保し、それを利用することが行われている。

同窓会やPTAなどはもちろん、さまざまな会の名簿を入手する、あるいは、景品を付けた懸賞などによって消費者情報を得ようとする試みが増える。ついには、住民台帳が流出するという事件まで起きている（宇治市、二〇〇〇年）。このような名簿で個人の属性を割り出し、それをマーケティングの対象としているのである。

しかし、そのような属性によって消費が決まるという時代ではない。現在の日本では、それぞれの自由意志で生活様式が選択されている。もちろん、所得はかなりの意味を持っているだろうが、所得のうちでどれほど貯蓄に回されるかの判断の差は非常に大きい。バブル初期の頃、地価が暴騰した時点で、すでに自分の住宅を持っていたかどうかは決定的に個人の消費パターンに影響している。持ち家をあきらめると、かなり裕福な生活が可能となるのに対して、住宅ローンを抱え込むと生活をつましくしなければならない。持ち家か借家かの選択が生活のスタイルを決定する。

それを含めて、個人の属性である職業・学歴・収入・年齢・出身地などと関係ないところで、生活様式が決定されるようになっている。もはや、社会階層による生活様式などは意味をなくしている。社会階層が高いとされている職業であっても、生活のパターンはかなり自由に選択できるし、社会階層が低くても所得が高いケースもかなり現れている。いわゆる「ガテン」の職業では、職業としての社会的威信こそ高くないが、所得は高くなっていることは明らかである。そのような人が、どのような生活パターンを選択するかについてはほとんど制約がなくなっており、社会階層と生活様式はあまり関係がなくなっている。

商品もそれに対応して変化する。例えば、ヨーロッパでは依然として社会階層が大きな意味を持っており、ベンツに乗る労働者などは考えられないが、日本であれば、単に車好きというだけでベンツを選択することは十分にある。

生活のパターンを決定するのは、子どものときからの親の社会階層をモデルとした学習というのが、これまでの社会学の教科書での説明だが、現在の日本には妥当しない。食材の場合が好例で、親の知らない食材が満ちあふれているときに、親の生活様式はほとんど参考にならない。自分で自分の生活様式を決定することが普通になっている。

結局、現在の日本の状況では生活のパターンはかなり自由に決定でき、属性に応じて、このような生活をしなければならないという規範や価値意識から自由になっている。逆にあまり自由度が高いと、かえって決定することが難しくなる。なんらかの制約が感じられる程度であれば、その制約が判断基準となるが、自由度が高くなるとそのような判断基準が成立しない。

例えば、筆者が福岡の主婦の調理に対する態度を調査したとき、主婦の健康志向や利便志向・洋風志向・和風回帰・グルメ志向などさまざまな要素を入れ込んだ質問紙を作り、年齢層や学歴などが相当異なる人々に対して調査を行ったことがある。その結果は、多くの要因をまとめると、健康と調理に対する熱心さという二つの因子が抽出された。この二因子は互いに独立していて、味も健康も追求する主婦、味はともかく健康だけに関心の高い主婦、ひたすらおいしさを追求する主婦、両方とも関心のない主婦という類型が可能である。

この類型はかなり説明力が高く、次にこの類型を決める属性は何かを追求しようとした。ところが、全くといってよいほど、属性と調理への意識が関連を持たないのである。年齢も学歴も所得もほとんど調理への態度とは無関係である。

しばらく考えたが、ふと気付くと、主婦の調理に対する態度は属性と関係なくてもよいことに思い至った。つまり、料理に対する態度は、現在のような食材が豊富にあり、食に対する好みをどのように設定してもよい時代では、必死に追求することも可能であるし、他方で手抜きしても十分に満足できる状態である。そのときに、主婦の属性ではなく、主婦自身の選択として調理に対する態度が決まってくる。自分で調理に必死になるかどうかを決めることが可能である。その状態では属性はあまり意味をなさない。

このような状態は食の場合に明確であり、食費にかなりを割くことも、あるいは食費を切り詰めることも可能であり、また、調理時間をかなりかけることも、ほとんどかけないことも可能となっている。自由な選択の状態では属性は有効ではない。さらにいえば、われわれは現在の社会において、属性を拘束として考える傾向が強い。なんとかその制約から抜け出そうと努力していると、次第に属性によって決定される部分は少なくなる。生活様式をどのように選択するにしろ、それは属性によって決定されたものではない。

この決定は、プラクティスとしての生活の選択であり、意識的になされている。近代以前の社会では、生活様式は連続的無意識的に与えられたプラティークとして構成されていたが、それが今やプラクティスとして意識的な選択が可能になったといえる。

かつて、生活は自由に選択できるものではなく、自明のものとしてあり、それに伴うルールやマナーが存在していた。けれども、それが失われて、自由な選択が可能となったために、そのような社会生活上のルールやマナーを再構築しなければならなくなっている。子どもの教育においても、自由な選択であることを意識して、社会化を行わなければ、それに適応することが難しくなる。親にとっては自明であったものが、子どもの世代では選択として意識される。選択である以上は、自分にとって有意義であり、有利であることを納得しなければ受け入れない。すべてをプラクティスとして考えるにはそのための訓練が必要なのだが、それをまだわれわれは体系化していない。

生活様式の選択に伴う責任といった問題は、これまでほとんど考えられていなかった。それは、産業社会以降、ようやく自由に生活を楽しむことが許されるようになってきたのに、それに対する制約など考えたくもないし、生活は本来個人の自由に任されるべきであると考えることにつながる。基本的な人権として、生活を自分の思うままに過ごすことは許されるべきである、ということには反対しにくい。

しかし、二〇世紀の中頃に理想とされたアメリカの消費生活をモデルとすることはもはや許される状態にない。大量にエネルギーを消費することで実現した生活様式は、すでにその浪費ゆえに強い非難を浴びている。例えば、アメリカの家庭では、屋内の照明のスイッチが一つだけという家は珍しくなかったという。一つのスイッチで家のすべての照明がつく。便利は便利なのだが、エネルギーの無駄という意味ではとても許されるものではない。生活様式の選択に伴う責任が考えられなければならない。

このような点で、これまでのマスマーケティングはすでに行き詰まっていることは明らかである。生活様式の選択が先行して、自分の属性に関係なく、自由に生活様式の選択がなされるなら、その商品を受容する層が一つのマーケットを作ると考えることは難しい。すでに、マーケットという抽象的な対象に商品を売るのではなく、個別の生活を行う生活者に対して商品を提供する状態になってきている。そのために、個々の消費者に直接に語りかけることが必要になっている。

このようなダイレクトマーケティングは、コンピュータに納められた大量の情報を操作することによって可能となったが、その情報も、結局のところ、属性を主体として生活が構成されていることを想定している。自由な選択が可能なら、所得に相応した額以上の支出を、衣類に出したり、あるいは食につぎ込むことも可能となる。現在、もっとも拘束的な支出は、教育費であるだろうが、それも、進学競争があまりに激化したために、かなり早い時期でそれから降りてしまう子どもも増えている。

こうなると、自分の生活様式をどのように設定するかについてはかつてなく自由度が高くなり、それを決定する要因は、自分がこれまでどのような選択を行ってきたかだけになる。いままでの生活様式から変化するにしろしないにしろ、これまでが判断の材料となり、そして、それだけが自分を拘束する。

福岡の主婦の調理に対する態度は、このような状態にあると考えてよい。料理については、健康を志向するかしないか、あるいは調理に深い関心を持つか否か、その選択はこれまでの経緯にだけ拘束される。すると、最初のわずかなきっかけでそれが方向付けられることが起きてくる。こうなると、属性が意味を持たなくなっていることは当然である。

この状態に対して、ワン・トゥ・ワン・マーケティングで対応することができるのだろうか。十分な商品知識を持っているパワーユーザーに対しては、情報のリンクさえ確保されていればそれで対応可能である。しかし、一般消費者が情報を確保しつつ自分で選択しようとすると、なんらかの情報源を必要とする。その情報源としてこれまで機能してきたのが小規模小売店である。

小規模小売店は依然として消費者以上の商品情報を持っており、それも、かなり高い水準である。特定商品については、メーカー間の比較も可能であり、メーカーの出したくない情報まで持っている。その意味では、現在でも十分に情報ルートとして機能することは明らかなのだが、大量流通の中で埋もれそうになっているのである。

小売店の可能性(1)――商品提案・付加情報が勝負

ここで、なぜ大量流通が効率的であるのかを考えるならば、輸送がその条件ではないことは明らかである。大量生産が多品種少量生産に移行したように、大量の物流が効率的であった時代から、少量の輸送でも同様の効率を達成できるようになっている。このために、大量物流が競争優位となるのは、かなりの量がまとまらなければならない。少量であっても、かなりの程度まで大量物流に対抗できるようになっている。

この状態では、仕入れ（マーチャンダイジング）が決定的になる。小売りの問題は、売れ残りや在庫であって、商品が回転していれば、規模にかかわらず利益は出る。回転する商品、売れる商品を確保することが問題となる。

現在の電子市場を見ても、基本的には小売りが在庫を圧縮し、オン・デマンドで商品提供することが利点となっている。消費者も発注から商品の入手まで時間がかかることは承知の上で商品を発注する。このタイムラグの間に、小売店からメーカーに発注し、消費者への発送ができれば在庫なしでも商売ができる。仕入れがなければ、在庫は発生しない、つまり自分で在庫を抱えるのではなく、メーカーに在庫を負担させる。

一方で、メーカーの側は、在庫を持つよりもオン・デマンドで生産して、直接に消費者に届けることを考えている。現在の多品種少量生産の技術であれば、受注生産してもそれほどの時間はかからない。在庫を抱えずに、確実な販売が見込めるならば、多少のコストは負担しても引き合う。情報技術の発達によって、在庫を切り詰めるだけではなく、在庫そのものが省略可能に近くなっている。

このような競争状態で決定的なのは、消費者に適切な商品を提案できることである。消費者はかなりのパワーユーザーでない限りは、与えられた商品群の中から選択する。選択についての情報をメーカーが提供する。この図式の範囲内では、消費者が本当に必要とする商品は、メーカーの側がそれと察して作ってくれない限り消費者は入手できない。ものがあふれ、さまざまなタイプの商品が市場に出され、消費者の選択範囲は増大しているようにみえても、それもメーカーの商品設計の範囲内でしかない。しかし、メーカーが知らない消費欲求は潜在している。

消費者がパワーユーザーとなるか、あるいは、全くメーカーからの製品を受動的に受け入れるかのいずれかならば、情報の流れを整備すれば、流通の役割は物流だけでよい。けれども、現実には、消費者は自分のほしい商品を明確に知らないまま、情報を探索している。自分がどのような商品を欲しいのか、明確な言葉を持っていないことが普通である。明確な形にするためには相当な商品知識を必要とするからである。

中小の小売りが役割を持つとすると、それは、消費者に適切な商品情報を提供して、付加価値をつけて販売することだろう。対面販売を利点として生かしていくには、商品を選択する場合の情報の付加は、小売り以上に知識を持つパワーユーザーでない限り十分に意味を持つ。現在、楽天市場などのようにネット市場で高い評価を受けている小売りは、いずれも商品の選択が可能であるというだけではなく、情報の付加によって消費者に対してアピールしている。例えば、ワインについては、まだ十分な商品知識が消費者に行きわたっているわけではなく、ソムリエという専門的職業が成立していることからもわかるように、消費者がアドバイスを求めることは決して不思議ではない。衣料やリビング関係でも同様で、販売店のアドバイスがあることによってどのような生活のスタイルと連動するかについての情報が入手できる。

対面販売で得られる情報が多いことは消費者も知っていながら、現在ますます対面販売は限定された領域についてのみ成立している。これまで述べてきたように、消費者の商品選択は、縮約して与えられた情報によって行われ、賞味期限や安全記号・エコマークなどの簡便な指標さえ知っていれば、商品を直接知らなくともよいという方向に誘導されている。その方がメーカーにとっては消費者を容易に誘導することが可能になる。しかし、そのような情報提供では、消費者を混乱させ、指標の中での差別化を作り出さなければならず、いつまでもそれが続けられるとは思えない。

商品情報は、対面販売の小売店で手に入れることができる。逆に、そのような情報を求められる商品を店頭に並べることが、小売店の量販店に対する優位を作り出すことになる。量販店が大量仕入れによって規格化された商品を仕入れる場合、規格化が障害となって少量の商品は仕入れることが難しい。さらに、生鮮食品の場合であれば、再加工をすることはほとんど不可能である。このような点に小規模小売店の生き残りの可能性がある。

小売店の可能性⑵――ネット仕入れの大利点

ここで一つの提案がある。生鮮食品を中心とした、小売りによるインターネット経由の生産者からの直接仕入れである。鮮魚・青果・精肉の場合には、あるいは乾物なども含めて、多数の生産者がいて、それぞれに異なる品質の製品を作っている場合には、ネットによる仕入れが有効となる。現在の産直は、生産者から直接消費者へという流れを作り出そうとしているが、現実に有効なのは、生産者から小売店への流れである。

実際に産直の場合、消費者が要求する商品ロットはそれほど多くなく、青果の場合であれば、一回の食事ではたかだか一盛りであり、一把に過ぎない。ところが生産者は少なくとも段ボール一箱の単位でなければ出荷は難しい。段ボール一箱を何軒かに分けることが必要となる。せっかく鮮度の高い青果や鮮魚を手に入れることができても、実際にそれを食べるのは一週間後になってしまえば、利点は小さくなってしまう。

小売店が段ボールを小分けして、それを細分することによって消費者は自分の望む量が購入できる。また、小売店はなんといっても商品についての知識は豊富であり、仕入れの際の評価も厳しい。生産者の出荷する製品についての評価は小売店が自分のリスクで商売をする以上はかなり厳しくなる。それに耐える商品と価格の設定が必要とされる。農協の共同出荷とは異なる基準が必要とされる。ただし、形が不揃いでも、店頭での評価としてバランスがとれていればそれでよいために、規格化を必要としない。場合によっては扱い単位が大きければ、等級についても不揃いでもかまわないことになる。大きなジャガイモも、小さいジャガイモもとれたまま出荷できれば、効率は大きく上昇する。

農家や漁業者も、産直よりも大きなロットで商品を出荷できるために、利点は大きい。さらに有機栽培などの試みが困難な条件の農家にしても、自分のリスクで商売することが可能であるために、高品質の製品を作っていれば産直で消費者の商品知識に頼るよりも高い評価を得ることができる。現在の産直を利用する消費者の多くは、その商品そのものの知識を持ったパワーユーザーであるとは考えられない。むしろ、産直記号をたよりに安全性や鮮度を購入しようとする消費者がほとんどであるだろう。

それに比べると、小売店が評価を行うことで商品は確実に評価される。低く評価された商品は小売店ルートからは排除される。高い評価を得た商品だけが小規模小売店に並ぶことになる。

小規模小売店が大規模小売店に比べて有利なのは、このような少量仕入れが可能であり、それによって自分の店頭の商品の水準を自由に操作できる点にある。さらには、売れ残り商品の再加工の可能性もふくらむならば、大量仕入れの規格化された量販店に比べてむしろ有利になることも考えられる。

このようなネット仕入れが現在（二〇〇二年五月）ほとんど行われていないのはむしろ不思議である。小売店が自分の目で見て仲卸から仕入れるというスタイルをかたくなに守っているためだろうか。あるいは、ネット仕入れに対する不信感があるためだろうか。

また、産直のイメージは B to C（Business to Consumer）のビジネスとして考えられていた。ところがここでの生産者から小売への産直は、いってみれば流通における B to C あるいは B.

to Bであり、これまでの盲点だったために見逃されていたに過ぎないともいえる。

いずれにせよ、情報技術が発達して小売店がネット販売を企画するようになれば、いずれは普及するだろう。ここで再度強調するが現在ネット販売を行って成功している小売店は、商品知識を付加して販売しているケースが多い。例えば、ワイン販売で非常に成功している小仲商店はワインに関する知識を付加して販売している。規格化された量販店では困難な商品知識の付加が条件となる。商品が多様であるほど、小売店の評価が消費者に対してアピールできる知識になる。その意味では生鮮食品などは、同じ品種でも細かに産地や生産方法で区分されるから、その評価が問題である。

さらに、生鮮品に限らず、ロットが小さく、大量宣伝が行きわたらない手工業品についても、可能性は高い。伝統工芸品なども十分に仕入れの対象となるし、ファッション性の高い商品で大メーカーが成立していない領域でも可能である。

このように見るならば、インターネット仕入れによる小売店の可能性は極めて高く、その実現は流通全体にとっても大きな刺激になるように思える。具体的には、バーチャルな卸売市場サイトを立ち上げ、そこへのアクセスそのものに課金する。さらに、アクセスを青果や鮮魚の小売店か、あるいはかなりの量を使用する飲食店に限定してもよい。出荷する側は、農家や漁業者で、青果の場合には、品種や栽培法（有機・減農薬など）、また、完熟度の調整や保鮮方法などの情報を含めて掲載する。鮮魚についても、生産者の側の情報が豊富に提供されれば、同じ魚種でも品質の差を十分に表示し得る情報が確保できる。極端にいえば、しめた時間までわかることになり、食べ頃についての情報は飛躍的に増大する。

このようなバーチャル卸売市場は青果については適合的だが、鮮魚では難しいと思われるかもしれない。漁獲が確実ではないために、予約では売れないからである。漁獲してからネット販売すると鮮度は落ちる。しかし、現在の技術なら、漁場から港に帰る間にセリにかけることが可能である。実際の漁獲量を確保してから、船上からネットにつながり、バーチャル市場に出品する。漁獲の少ないヤガラやマンボウなども十分にセリの対象となる。これまで量がまとまらないために地元以外では商品になりにくい魚種が船上のセリによって商品となる。

もちろん、小売店はすべての仕入れをネット仕入れにすることはないだろう。青果で三割程度、鮮魚で二割、もっとも可能性の高い果樹ならば六割程度の仕入れはネット仕入れが可能だろうが、現在の流通体系を通す仕入れも残ることになる。

つまり、大量流通では困難な少量流通が、少量の生産者であれば経済性を持ち、大量流通の無駄を省き、無理な規格化を防止することになる。他方で、大量流通はその特長を生かして、少量流通と補完関係を築く。少量の生産を受け止めるには商品知識を豊富に持った少量流通としての小売店しかないのである。

マーケットが商品を一望できる条件を持っているとすれば、バザールは思いがけない商品に出合う場所である。多様な商品は大量流通によって実現するばかりではなく、少量流通によってても可能である。大規模流通には見られない小規模流通の利点が生きてくれば、市場《いちば》は逆襲するのだ。

17・小規模流通の設計——情報の流れを作り直す

作られたプラティークからの脱却

生活の中で商品が流れる。商品を前提にしなければ生活が成り立たない状態が産業革命以降に進行し、産業社会が成立して、世界が相互に関連し合うようになってきた。それは、大きな進歩のように見えるが、他方で、その流れが少しでも滞るとすべての人間の生活が成り立たなくなるような社会でもある。例えば、チェルノブイリの原子力発電所の事故の一報が入った五分後に、大量のトウモロコシを買い占めに出た相場師がいたという。ウクライナの小麦が、放射能汚染の疑いで市場に受け入れられなくなるだろうと予想して、買い占めにかかったわけである。予想は的中してその相場師は大もうけをしたというが、現在の世界の相互作用はそのレベルにまで達しており、どこかの穀物の不作が全世界に波及することは日常的に起きる。

その中でどのように流れが作られていくのか、個別の個人同士の交換に始まって、次第に大きな流れとなっていく。流れが大きくなると、それだけ効率が求められ、大きな流れの中では流れにくい商品が排除されていく。二〇世紀はそのような時代であった。ところが、世紀が変わるころから徐々に変化が始まってきた。

消費者が情報をさほど持っていなくても商品選択が可能なように商品は設計され、大量流通の中で対面販売なしで消費者自身が選択することが当たり前になってきた。自分が意識して、商品を選択するというよりも記号選択の手がかりに反応するように訓練されている。いわば作り込まれたプラティークとして商品選択を行うようになっている。かつては意識的行動としてのプラクティスであったものが、無自覚的・慣習的なものに変化してきている。

近代以前の社会におけるプラティークは、経験の積み重ねからもたらされており、それ自体の意味を問うことがなくても、環境と無理なく相互作用するための知恵を含んでいた。これに対して現在のプラティークは効率神話の中で作り出された訓練の結果として成立している。

その意味では、交換の体系を再検討することが必要となっており、商品選択に必要な情報の流れをもう一度再構成して、無意味なプラティークを意識的な選択に戻すことが必要となる。情報技術の発達で、個別の情報を集約して指標化された情報が提供され、それに消費者が反応する。自動的な反応の積み重ねが無判断な情報行動を引き起こし、意識的なプラクティスから無意識のプラティークに変容させている。

現在は近代固有のプラティークが成立し、われわれはそれを当然の消費行動であるとしてきた。ところが、そのようなプラティークがさまざまな領域でひずみを生じ始めている。

ゴミはその典型であり、家庭の外部でのゴミ処理が当然になったのはここ半世紀のプラティークに過ぎない。しかも、それに合わせたような消費の体系を当たり前のこととして作り、受け入れてきたのである。水切りなどの前処理を行わずに、そのまま生ゴミを出したり、自分で処理可能なゴミも回収を要請する。自治体がこれ以上のゴミ処理ができなくなってはじめて、ゴミの減量が必要であることを理解する。

消費が無自覚に行われる状態、知らず知らずの間に、メーカーと消費者のなれ合いによってなんらの判断なしに行われる状態を変え、近代以降に消費信仰によって作り出されたプラティークを排除すること、循環や大きな流れを意識した自覚的な選択が今必要である。

このような意味で、記号化され、単純化された商品知識以上の知識を与える情報の流れを設計する必要がある。ものと情報の流れを循環として考えていく試みは、生活が人間のふるまいとして健全であることを目的とする。現在の消費がややもすると不健全な方向に向かっていることは多くの人が感じている。それでもどのように不健全であるのか、どのようにすれば健全化するのか、明確になっているわけではない。

これまでの消費論では、消費者に適切な情報を提供すれば、有効な評価がなされると考えられてきた。現実には情報を無視して、自分のプラティークに即した行動がなされている。情報が提供されたから、プラティークであることに気付くわけではない。無意識のプラティークであることを意識的プラクティスに転換するための装置として、パーソナル・コミュニケーションが有効に機能する。記号操作の範囲内でプラティークを改めることは困難であり、他者の知恵を取り込むことは難しい。

誰とパーソナル・コミュニケーションするかという問題はあるとしても、マスコミ情報はプラティークを作り出す装置であり、それを利用することは、別のプラティークに誘導することになりかねない。その意味でも小売店の対面販売に対する期待は高い。

小規模生産・小規模流通の時代へ

すでに製造業では大量生産が行き詰まって、小規模生産の可能性が評価され始めている。大工場ではなく、中小企業が技術力を生かして、高い生産性を上げている。逆に大企業は大規模設備をもてあまし、操業度を確保することができず、採算がとれないという状況にある。過剰設備が経営の足を引っ張っているために、大企業同士の連合が行われる。その意味では、大規模小売店の落ち込みも同様のメカニズムによっているといってよい。

市場《いちば》の逆襲が始まろうとしている。小規模の流通は、仕入れでの価格競争力では大型店舗に負けるとしても、小規模生産と消費をつなぐことで十分に大型店舗に対抗できる。本来、小規模流通であった生鮮食品については特にこの条件が当てはまる。大型店舗は大量買い付けが可能である工業製品については価格競争力を発揮することが可能であり、大量販売を背景に価格交渉力を持つ。ところが、小規模な生産を集めた生鮮食品では、大量買い付けをしなければならないために、一定の品質の商品を大量に購入すると、かなり高い価格でも仕入れなければならない。大型店舗が増えるにしたがって、かつてのような価格破壊が困難になっているのは、全国チェーンが同一の価格で売れるような仕入れが困難になってきているという背景がある。

大規模流通が優位に立ってきたもう一つの条件は物流費である。大規模物流はこれまで小規模物流よりもはるかに効率的であると思われてきた。ところが、宅配便などの小規模物流が効率化して、大規模物流と対抗できるようになった。また大規模物流に必要とされる商品の規格化、例えば、同じ大きさの野菜をそろえたり保鮮のための炭酸ガス注入をする場合には野菜の鮮度までそろえる必要があり、コストがかかる。また、冷凍倉庫や配送のための冷蔵車などの物流設備のコストもかかるが、小規模流通の場合にはそれを物流業者に依存して自己負担しないために、コストで対抗できるようになる。

この条件で、小売店舗がネット仕入れによって大規模流通には不可能な商品を取り扱うならば、十分に魅力的な品揃えが可能だろう。さらに、そのような活性化が進んだ店舗が複数集積していくと、商店街そのものに魅力が再生する。大規模流通で失われたパーソナルな関係を復活することも可能となるだろう。一店逸品運動を見ていると、商店の持つ商品知識がきわめて大きく、われわれがマスコミから与えられる情報がいかに限定しているかに気付かされる。その知識を生かして、消費者と対話し、健全な消費に導くことが一店逸品運動の目的となる。

消費者を賢くしようとする啓蒙運動は、啓蒙運動の目安となる指標型情報によって新たなプラティークを作り出してしまうことにもなりかねない。環境マークや有機野菜表示を選択するのは新たなプラティークでしかない。あるいは、単に価格にのみ反応する消費者も多い。量販店のチラシを並べ、どの店が一番ネギが安いかを比較し、安い店に行く。ところが同じネギでも、なぜ安いのかについての情報は得られていない。安い分だけの品質の劣化があるならば安いことにはならない。それを見分ける能力を消費者が持っているとは考えにくい。あたかもゲームのように安さだけを競うことはほとんど無意味である。なぜ安いかを聞きただし、より価格としては高いネギを選択することができるのは対面販売である青果店で、量販店ではそのような同じ品種の複数の価格のネギを品揃えすること自体がなされない。また、複数のネギの間の代替関係も表示されることはない。

選択を行うために不足する情報を入手するのに対面販売が有効であることは明らかで、それを可能とするような条件を作り出すことを考えるべきだろう。大規模流通から小規模流通への動きを作り出し、それにどのような役割を持たせるべきかじっくり考えるべき時が来ている。それは、市場《いちば》が市場《しじょう》に反撃を開始する時である。

あとがき

それは大修館の雑誌『言語』のコラム執筆から始まった。『言語』は毎号巻頭に短いエッセイを掲載している。その執筆を依頼されたのである。そのきっかけは、同社の『日本語・日本事情ハンドブック』で、その中の女性労働の関係の項目を執筆したことであった。

掲載後に、「ものの流れと情報や言葉の流れについて書いてみませんか」と誘われ、面白そうに思ったものの、材料がそろわずしばらくためらっていた。その後、各地の市場を意識して回り始め、かなりの材料がそろってきたことに加え、九州大学当時の大学院生だった波積真理が学位論文を書き始めた。一次産品のブランドの理論化である。半年の内地研修の間に何回かの討議をしたが、互いの議論を整理することが必要であり、共同作業の部分と自分のオリジナルの部分を区分する必要があると考えた。そのために、大修館の誘いに乗る形で、この本を作ることになった。その意味では、『言語』掲載のきっかけをいただいた横浜国立大学佐々木瑞枝先生に感謝しなければならない。

また、筆者は二〇〇一年度から事業創成学講座に所属し、その中での「共生経営論」を担当することになった。「共生経営論」とは、事業が社会システムの中で相互作用を形成してゆく際に、他の社会システム間や社会構成員との間の共生関係を作り出していかなければならない状況を研究する領域である。それを自分自身で自覚して、信条にすると経営倫理の問題ということになるが、倫理を発生させてゆく社会システムの側についての分析をも含めている。この書物は、流通という領域での共生経営の問題を扱っているといってよい。個人の生活のレベルから、社会システム全体までのミクロ＝マクロ連結の経営学版であるといってよいだろう。もちろん、その中でさまざまな経済活動があり、それを事業という形で定着させるための理論枠組みを扱っている。その意味では、この書物は、「共生経営論の流通版」であるということになる。

流通と農業・水産業の境目が非常に希薄であり、さまざまな可能性があること、さらに、それが地域の中での共生につながることは、掛川市のキウイカントリージャパンで平野正俊さんに教えられた。また、同様の事例は清水町の杉山バラ園の杉山博一さんの場合でも見られる。ともに生活の延長上にキウイやバラを栽培し、消費者を巻き込む形のビジネスモデルを成立させている。農業が経営主体としての性格を強め、独自のビジネスの形態を追究することは今後大きな課題となるだろう。福岡での水産物調査では、最近、マーケティングオフィス〝Y〟を発足させた吉田潔氏にお世話になった。また、小売りについては福岡の元水産物小売業組合長、柴戸善一さん、下田の渡辺水産、渡辺一彦さん、同じくホウエイの土屋信由さんなどへの聞き取りによって多くの情報と、基本的な考え方について示唆を受けた。水産物での可能性は漁業者よりも、流通・加工に動きが見られる。商店街に関しては、ゆとり研究所の野口智子氏に多くを負っている。

また、研究者仲間では、元大洋漁業社員という経歴を持つ法政大学・宇野斉、実家が寿司店の徳島大学・出口竜也、持病で食に向き合わなければならない九州国際大学・澤野雅彦の各氏に感謝したい。

韓国の東大門にあるドゥソンビルの衣料品市場には三星生命研究所・太源有くんの案内があった。台湾の市場は神戸大学大学院生・曾文怡さんに案内された。香港の市場は、香港大学・王向華助教授の案内であった。この本では、それらの東アジアの市場を直接に論じることはなかったが、日本とはまた異なる条件で、どのように市場が発展するか今後も注目していきたい。

最後に、原稿を商品に育ててくれた大修館編集部の日高美南子さんに感謝したい。商品について厳しく判定するということを、自分自身が出版物によって経験することができた。

二〇〇二年五月

日置弘一郎

［著者紹介］

日置弘一郎（ひおき・こういちろう）

1949年京都府生まれ。大阪大学大学院経済学部研究科中退。

茨城大学人文学部助手、京都学園大学経済学部講師、九州大学経済学部助教授、京都大学経済学部助教授、国立国際日本文化研究所助教授（併任）を経て、現在、京都大学大学院経済学研究科・経済学部教授。専門は組織論・経営人類学。

著書に『文明の装置としての企業』（有斐閣）、『出世のメカニズム』（講談社）、『経営人類学ことはじめ』（東方出版、共編著）などがある。

市場の逆襲——パーソナル・コミュニケーションの復権

初版第1刷————2002年7月1日

著者————日置弘一郎

発行者————鈴木一行

発行所————株式会社大修館書店

〒101-8466 東京都千代田区神田錦町3-24

電話 03-3295-6231(販売部)/03-3294-2356(編集部)

振替 00190-7-40504

［出版情報］ http://www.taishukan.co.jp

装丁者————cue graphic studio

印刷所————壮光舎印刷

製本所————難波製本

ISBN4-469-21273-3　　Printed in Japan